www.tredition.de

AF197583

Verlag und Druck: tredition GmbH, Grindelallee 188, 20144 Hamburg

ISBN

Paperback: 978-3-7439-4830-3

Hardcover: 978-3-7439-4831-0

e-Book: 978-3-7439-4832-7

Bildsymbol Baum © Uli Bosbach

Foto Cover von Sascha Gast & Dominika Stollenwerk,

www.bilderrausch-die-fotografen.de

Der mit dem Baum spricht

Eine Reise zu den Baumwesen

ULI BOSBACH

www.tredition.de

Widmung

Ich widme dieses Buch meinen Eltern

Hetti und Jülle

Ihr habt mir das Leben für diese
menschliche Inkarnation geschenkt.
Leider seid ihr viel zu früh gegangen.
Ich liebe euch.

Der mit dem Baum spricht

Ein Erlebnisbuch für alle,

die mit dem Herzen sehen

Wenn du den Wald riechen
möchtest,

du den Wind in seinen Blättern
hören magst,

du die Naturwesen die in ihm leben
sehen möchtest

und wenn du unsere ganz eigene
Baum-Heilkraft

spüren, erspüren, erfühlen und
erfahren magst,

dann bist DU genau richtig hier.

Fahgul der Buchbegleiter

Inhaltsverzeichnis

Lieber Uli,

für dich haben wir eine ganz einfache Botschaft. Tu das, was du kannst. Nutze deine Qualitäten, die in deinen Worten liegen. Die Schwingungen, die dich ausmachen, manifestierst du durch das, was du sagst.

Und mache es, fest im Glauben an dich. Schreibe die Worte, die durch dich hindurchfließen nieder. Sei eines dieser neuen Sprachrohre. Du hast etwas zu sagen, was für viele Menschen und die Entwicklung der Menschheit wichtig ist.

Die Schwingung, die dich umgibt, wirkt wie ein Magnet für andere. Die Eiche ist einer deiner Bäume. Besinne dich, du hast oft unsere Kraft und Nähe gesucht, in diesen wie in früheren Leben. Und wir haben dir immer gern gegeben.

In deiner Seele ist auch ein Anteil von uns Baumwesen. Auch aus dem Grunde sprichst du unsere Worte und bist bereit uns als gleichwertige Wesen der Liebe und des Lichtes zu sehen.

Danke, dass du unsere Botschaften weiterträgst.

Kasternus aus dem Eichenkreis

Vorwort

Die gechannelten Botschaften mit den Bäumen die du in diesem Buch findest, sind die Worte die mir gegeben wurden um dir das Verständnis zu erleichtern diese wundervollen Geschöpfe als unsere Mitbewohner auf diesem blauen Planeten zu erkennen und zu respektieren. Es sind Worte die dir eine Möglichkeit eröffnen das Leben aus der Sicht der Bäume zu begreifen.

Die Erläuterungen zu den einzelnen Bäumen stammen unter anderem aus verschiedenen Channels und wurden hier in einer klar verständlichen Sprache zusammengefasst und niedergelegt. An den Stellen an denen ich die gechannelten Botschaften der Bäume im Wortlaut übernommen habe, wird dies durch ein anderes Schriftbild verdeutlicht.

Der ein oder andere unter euch wird sich jetzt vielleicht fragen was ist ein Channeling oder was ist Channeln.

In einem Channeling stellt sich ein Mensch, in diesem Falle ich, als Medium zur Verfügung damit durch den inneren Kanal Botschaften aus der unsichtbaren Welt in die sichtbare Welt fließen können. Stell es dir so vor: Wenn du einen Radiosender hören möchtest muss du die entsprechende Frequenz einstellen. So ist es auch bei einem Channeling. Wenn ich mich auf die Frequenz der Bäume einstelle, kann ich ihre Botschaften empfangen. Für dieses Buch begab ich mich also in die Verbindung mit den einzelnen Bäumen, stellte meine Fragen und erhielt Antworten oder ich lauschte einfach dem was sie mir mitteilen wollten. In einer solchen Verbindung bin ich immer wieder tief berührt von der Einfachheit, der Wahrhaftigkeit und der Liebe ihrer Botschaften.

Dieses Buch also, es handelt von den Bäumen, von ihrer Art zu leben, von ihren Wünschen, ihren Qualitäten und davon wie sie mit uns und wir mit ihnen in direkte Gespräche eintreten können. Es handelt von unseren tiefliegenden Sehnsüchten, zurück an unsere Ursprünge geführt zu werden. Zurück zu unseren sinnbildlichen Wurzeln, zurück zu unserer Offenheit im Umgang mit den Naturwesen und hier besonders den Baumwesen. Und es handelt davon welche Hilfen uns die Bäume bieten können wenn wir darum bitten und unsere Herzen dabei ganz weit öffnen. Es führt dich auf einen Weg, der deine Seele mit den Seelen der Bäume wieder in Einklang bringt.

Dabei lag für mich nichts näher als die Bäume selbst zu Wort kommen zu lassen und ich übergab diese Vorstellung an meine Freunde, die Wesen des Waldes um mich herum.

Es ließ nicht lange auf sich warten, bis sehr viele bereit waren mitzuwirken und mir wurde die Unterstützung und Teilnahme einiger ganz besonderer Baumwesen zuteil.

So entstanden große Teile dieses Buches mit und bei den Bäumen draußen in der Natur.

Dabei trat ein Naturwesen als fester Begleiter für dieses Buch an meine Seite und führt somit nun auch dich. In diesem Buch ist daher oft von „Wir" die Rede wenn dir etwas erläutert wird.

Das Wesen stellte sich als Fahgul vor und zeigte sich mir in der irdischen Gestalt einer Buche.

Lassen wir ihn nun jedoch selbst zu Wort kommen.

Fahgul der Buchbegleiter

Guten Tag, mein Name ist Fahgul und ich habe Uli beim Schreiben dieses Buches begleitet. Ich bin eine Buche. Genauer müsste man wohl sagen: Ich bin das Naturwesen Buche und natürlich bin ich einzigartig in meiner Art. Ich bin ein Individuum so wie du es als Mensch auch bist. Doch ich werde hier auch immer wieder für die Bäume in ihrer Gesamtheit sprechen.

Später werdet ihr noch viele Bäume und Baumwesen treffen, die einzeln und direkt zu euch sprechen möchten.

Wir, Uli und ich, möchten euch mitnehmen auf eine Reise ins unbekannte Bekannte. Wir möchten euch mitreisen lassen in die Welt der Bäume. Dorthin, wo sie leben, im Wald, im Park, in euren Gärten, Dörfern und Städten. Wir Bäume sind überall um euch herum, und doch seht ihr oft nur unser Äußeres. Dabei sind wir Bäume so viel mehr als das, was ihr mit euren menschlichen Augen sehen könnt.

Wir wurden schon sehr früh hier auf der Erde mit unseren Aufgaben betraut. Dazu gehörte auch, diesen Planeten zu hüten, ihn für euch vorzubereiten, bis es an der Zeit war, dass ihr als Spezies Mensch eure Füße voransetzten durftet. Wir sollten euch helfen diese Erde mit den Augen der Liebe, der Offenheit und Achtsamkeit zu betrachten.

Lange standet ihr uns sehr nahe und wir waren recht zufrieden mit unserem und auch mit eurem Wirken. Dann verlort ihr mehr und mehr das Interesse an uns und an all den vielen anderen Naturwesen und Lichtgestalten. Ihr begannt nur noch den Worten der Wissenschaft, des Erklärlichen zu lauschen. Und uns nahmt ihr höchstens einmal wahr, wenn ihr am Sonntag einen Spaziergang in Wald und Flur machtet. Wir möchten euch, wir möchten dir hier keine Vorhaltungen machen. Alles ging den Weg den es gehen sollte.

Jetzt aber beginnt sich das Denken vieler Menschen zu wandeln. Mehr und mehr wird deutlich, dass der alte Weg möglicherweise in eine Sackgasse führt. Es zeigt sich wieder die Offenheit dafür, dass es mehr gibt als wir mit dem menschlichen Auge zu sehen vermögen. Dass es Dimensionen gibt, die unser Verstand nur zögerlich anerkennen mag. Nun erscheint uns der Zeitpunkt gekommen, nun im neuen, im goldenen Zeitalter um direkt wieder mit euch in den Kontakt zu treten.

Jetzt ist die Zeit gekommen in der viele von euch beginnen mehr zu sehen. Sie beginnen wieder mit allen Sinnen zu sehen. Sie beginnen wieder aus ihrem Herzen heraus zu sehen.

Lasst mich als Fahgul euer aller Reisebegleiter sein hinein in meine Welt, die doch so viel mehr zu bieten hat als den äußeren Schein. Wenn du den Wald riechen möchtest, du den Wind in seinen Blättern hören magst, du die Naturwesen sehen möchtest die in ihm leben und wenn du unsere ganz eigene Baum-Heilkraft spüren, erspüren, erfühlen und erfahren magst, dann bist DU genau richtig hier.

Ihr Menschen nutzt wie selbstverständlich unsere schöne Umgebung und die klare Luft die in den Wäldern anzutreffen ist. Ihr genießt kurzgesagt unsere Ausstrahlung. Unsere schöne Ansicht, unseren wohlgeformten Wuchs, unsere Haltung. Die Schönheit der Natur deren fester Teil wir sind. Wer ist nicht schon einmal völlig gestresst in einen Wald hineingegangen und entspannt und erholt wieder heraus gekommen.

Aber hast du mal darüber nachgedacht warum das so war. Was hat diese Entspannung, dieses Wohlbefinden ausgelöst. Sind es nur chemische Reaktionen die von den Bäumen ausgehen oder Glückshormone die in dir ausgeschüttet werden. So einfach ist es nicht. Vielmehr sind es auch unsere Schwingungen, unsere Hinwendung, die Liebe mit der wir euch an unseren Kräften und unseren Möglichkeiten teilhaben lassen. Wir Bäume verschenken uns.

Noch etwas Grundsätzliches zum Verständnis für dich. Oft höre ich die Menschen von Naturwesen sprechen. Sie meinen dann Elfen, Feen, Kobolde und andere Mitbewohner der unsichtbaren Welt. Aber auch wir Bäume sind Naturwesen und hier als Faune bekannt. Wenn du uns als ein eigenständiges Naturwesen betrachtest, widmest du dich immer nur dem einzelnen Baum, so wie ich Fahgul, die einzelne Buche bin. Dann siehst du diesen individuellen Baum als eine Einheit. Bitte versuche dies so wahrzunehmen und zu begreifen!

Daneben sind wir aber auch noch Lebensraum, sowohl für die unterschiedlichste Tier- und Pflanzenwelt, wie auch für ganz unterschiedliche Naturwesen. So leben in unseren Kronen häufig Feen und zu unseren Füßen, an unseren Wurzeln, die Wurzelkinder, die Wichtel. Dazwischen lebt oft eine ungezählte Vielfalt weiterer Wesen, die sich uns als Wohnung, als Heimstatt ausgesucht haben. Wir leben dabei in einer wundervollen Koexistenz.

Hier in der Betrachtung von uns Bäumen und den anderen Naturwesen beginnt nun dein neuer Weg des Sehens. Dein Weg des Sehens mit dem Herzen. Lass mich dich nun auf diesem Pfad an die Hand nehmen und führen. Führen in die Reiche, die sich dir bislang noch nicht erschlossen haben, die aber nur darauf warten, dass du sie entdeckst.

Komm mit mir und werde Eins mit meiner Welt. Komm mit und erlebe dein eigenes Wachstum.

Bevor wir zu den Geschichten der Bäume kommen, möchten wir dir nahebringen dir immer bei der Arbeit mit den Naturwesen und mit deiner eigenen Spiritualität der Realität der Erde bewusst zu sein.

Du hast dir als beseelter Mensch dieses Leben hier auf dieser wundervollen Erde ausgesucht und es gilt deine Aspekte des Seins hier zu verankern. Was du in der Welt des Unsichtbaren lernst und für mich mitnehmen kannst, hat nur dann seine Sinnhaftigkeit, wenn du es hier in dein irdisches Leben integrierst. Alles andere sind Luftschlösser und helfen dir nicht bei der Lösung deiner ganz weltlichen Herausforderungen.

Damit es dir leichter fällt dich in mein Reich zu begeben, möchte ich dir etwas vorschlagen:

Einstimmung

Suche dir beim Lesen immer einen bequemen Platz, einen Ort an dem du für die Zeit des Versinkens ungestört bist. Mache es dir dort ganz kuschelig. So wie du es vielleicht schon als Kind mit deinem Lieblingsbuch getan hast. Tauche mit mir gemeinsam ein in das Innere dieses Buches.

Wenn du soweit bist schließe die Augen, lass dein ganz eigenes Bild von mir vor deinem geistigen Auge erscheinen und nimm meine Hand die ich dir ausgestreckt entgegen halte. Wann immer du mich begleiten möchtest, brauchst du nur nach dieser Hand zu greifen. Ich werde dich sicher und geborgen führen und behüten.

Nun komm begleite mich wir haben gemeinsam viel Schönes und Nährendes zu entdecken.

Kannst du meine Hand spüren?

Der Beginn der Reise

Nachdem du meine ausgestreckte Hand ergriffen hast, gehen wir schlendernd über eine Wiese zu einem kleinen Hügel, eine Art Plateau von dem du eine weite Sicht auf eine wunderschöne Naturlandschaft hast. Spürst du die klare Reinheit des frischen Tages der wie Morgentau auf der Landschaft liegt? Soweit dein Blick schweifen kann siehst du rund um dich herum Wälder, Hügel, einzelne Bäume, Pflanzen und Tiere.

Was du vielleicht noch nicht siehst sind all die Naturwesen, die um dich herum sind. Vielleicht kannst du sie aber schon erahnen oder hören, spüren, fühlen. Du bist umgeben von einer wunderbaren Schwingung voller Freude und Schönheit. All dies erfüllt dich unbewusst in allem was dich ausmacht. Körper, Geist und Seele, Bewusstsein und Unbewusstsein schwingen gleichermaßen in dieser natürlichen Harmonie und wie ein weit geöffnetes Behältnis wirst du aufgefüllt mit dieser friedlichen Atmosphäre.

In der Mitte des Hügels erblickst du eine von Wind und Wetter, Sonne und Mond gegerbte alte hölzerne Bank. Sie lädt dich geradezu ein auf ihr Platz zu nehmen. Es ist eine ganz eigene Magie, die dich förmlich anzuziehen scheint und du nimmst gemeinsam mit mir auf der Sitzfläche Platz. Die Bank wird überragt von einer schlanken weit ausladenden Eberesche, welche gerade in voller Blüte steht und mit dem Leuchten ihrer Früchte dir, mir und vielen anderen Wesen bereits große Freude bereitet. Auch wenn diese Vogelbeere eher klein und zierlich wirkt, so ist sie doch ein starker, alter, weiser Baum mit einer ganz eigenen Magie.

Nachdem du dich gesetzt hast nimmst du wahr, dass dieser weiträumige Platz eingerahmt ist von vielen anderen

Baumwesen. Du siehst schlanke Birken, mächtige Eichen, hochgewachsene Fichten, zierliche Haselnüsse und viele andere Arten die du jetzt und später kennen lernen wirst. Zwischen all den Bäumen kannst du einladende Durchgänge und wild umrankte Pforten erkennen, die sich als Eingänge ins Dickicht der Wälder zeigen. Hinter ihnen verlaufen Pfade und Wege die wir gemeinsam beschreiten werden.

Wenn du all das um dich herum aufgenommen hast, ganz gegenwärtig bist und ganz an diesem Ort angekommen bist, dann ist alles für dich vorbereitet.

Versinke noch einmal in der Schönheit der Umgebung. Sei nun ganz aufmerksam und richte deine Achtsamkeit vollständig auf den gegenwärtigen Moment. Sei dabei offen wie ein Kind, nimm die Dinge wie sie dir begegnen, werte und urteile nicht.

All das was du sehen und hören wirst ist dein Geschenk der Natur an dich selbst. Nur du entscheidest darüber was du von all dem für dich annehmen magst.

Bist du bereit?

Mythologie des Baumes

Vom Urbaum und dem Weltenbaum

Am Anfang unserer Reise in die Welt der Bäume möchte ich dir die Geschichte vom Weltenbaum erzählen.

Vor vielen Jahrhundertmillionen entstanden die Vorfahren der Bäume im Zeitalter des Karbon und bereits vor etwa 200 Millionen Jahren gab es schon sehr viele unterschiedliche Arten und Formen. Ich spreche hier von den Urahnen der Bäume. Heute zählt man auf dieser Erde gute 30000 Arten und Unterarten. Wir gehören somit zu den ältesten und gleichwohl mit zu einer der am weitesten verbreiteten Lebensform. Vielleicht verstehst du nun schon ein wenig wie wichtig wir Bäume für die Menschen und die Welt sind, gehören wir doch gemessen an unserem Alter zu den weisesten Lebewesen dieser Erde. Kannst du dir vorstellen, was wir schon alles erlebt haben?

Allein in weiten Teilen Europas ist ein Drittel des Bodens mit Bäumen bewachsen. Vermagst du zu erkennen, welches Glück, welches Wissen, welch unglaublicher Reichtum euch durch diese Vielfalt und Nähe umgibt und dir gegeben ist?

Der Urbaum jedoch, der Weltenbaum, er ist eine mythologische Gestalt, der das Wesen aller Bäume enthält und uns dadurch einen möglichen Blick in den unendlichen Kosmos des Lebens erlaubt. Hier in dem Abbild des Baumes kannst du, wenn du genau hinzuschauen vermagst, das Bild der Welt erblicken. Es liegt ausgebreitet vor die, wie eine Karte für die Lösung eines Rätsels. Du schaust in ein Bilderbuch der Erklärungen.

Der Baum des Lebens erhebt sich in den verschiedenen Kulturen als urzeitlich, archaisch, versinnbildlichte Darstellung des Universums. Er steht hier als Symbol der universellen Ordnung und hält mit seinen Wurzeln und seiner Krone Himmel und Erde zusammen und steht im Zentrum der Welt. Dabei verbindet er die drei Ebenen von Anderswelt, Erde und Himmel. Er stellt damit auch eine Art Vorlage für die universelle Verbindung von Naturwesen, Menschen und Lichtwesen dar.

Es gibt viele mythologische Erzählungen dazu, um welchen botanischen Baum es sich bei dem Weltenbaum handelte. Hier reichen die Möglichkeiten von Birke, über Eiche, Eibe, Tanne bis zur Esche um nur einige wenige zu nennen. Diese Sichtweise scheint aber nur für die Menschen von Bedeutung zu sein und erklärt sich aus der jeweiligen Natur der verschiedenen Völker und ihrer Baumgottheiten. Tatsächlich ist es unerheblich ob es den Weltenbaum als biologischen Baum gibt oder gab. Er ist ein kosmologischer Baum, das „Urprinzip" Baum, das Abbild aller Bäume. Es ist der symbolische Kreislauf von Leben aus dem Samen, aufrechtem Wachsen, Kraft, Nahrung, energiespendendem Wesen und Vergänglichkeit durch Tod mit anschließender Wiederauferstehung durch die erneut reifenden Samen.

Diese mythologische Gestalt wird und wurde in vielen Kulturen geehrt und geliebt. Zeigt sie doch symbolhaft die Wechsel der Geschehen in einer ewigen Bahn. Das ständige Auf und Ab, die gleichschwingende Harmonie, die allem innewohnt. Bilder die unsere Ahnen und Urahnen mit ihrem einfachen Weltbild sehen und verstehen konnten.

Vielen Religionen und Weltanschauungen gemein ist, dass sie im Baum oder den Wäldern den Sitz der Götter sahen, in den heiligen Hainen wurden diese verehrt und hier nahm man

Verbindung zu ihnen auf. Noch heute ist dieser Glaube in vielen Naturreligionen aber auch tief in jedem von uns erhalten geblieben. Immer dann wenn wir uns eins fühlen mit den Bäumen als Geschöpfe Gottes öffnet sich diese nie abgebrochene Verbindung und lässt uns erahnen, wie nah wir diesem Glauben sind.

Diesem alten Wissen mit den dazugehörigen Gefühlen, die tief in uns verankert sind, möchten wir gemeinsam mit dir wieder entdecken, in dir selbst und um dich herum. Wir möchten dir dazu verhelfen diese Magie wieder zu sehen und sie zu greifen.

Viele dieser Hinweise hin zur Magie finden wir in den alten Schriften der Weisen und der Religionen. Oft ist es verborgen und nur für den Kundigen zu erkennen. Manchmal wurde es auch so lange verändert und ja auch bewusst verunstaltet, dass es kaum noch wahr zu nehmen ist. Hier ist es wichtig sich immer wieder die Fragen zu stellen, wer wann welche Deutungshoheit genossen und manchmal auch missbraucht hat.

Wir möchten dir hier nur einen kleinen Ausschnitt von Hinweisen präsentieren, die sich quer durch alles Wissen finden lassen.

Schaue mit offenen Augen und einem noch offeneren Herzen und du wirst erkennen!

Vor kurzem wurden in Brasilien Wandmalereien entdeckt die auf eine Zeit vor ca. 20000 Jahren datiert werden konnten. Diese Malereien zeigen neben vielen anderen Szenen auch Bilder von Menschen die um einen heiligen Baum herumtanzen. Diese und ähnliche Bilder finden sich verstreut auf dieser Erde immer und immer wieder.

So findet man im jüdischen Glauben den Baum als Lebensbaum der Kabbala und hier auch in seiner Eigenschaft als einem möglichen spirituellen Entwicklungsweg zurück ins Paradies. Folgst du den Pfaden der Kabbala und öffnest dich für die Vorstellung dass dir hier Lebenswege vorgegeben wurden, so können diese dich an dein erhofftes Ziel heranführen.

Im Islam begegnet uns Tuba der Paradiesbaum, der Baum der Glückseligkeit verspricht.

Nach den buddhistischen Überlieferungen saß Buddha unter einer Pappelfeige, einem Bodhi-Baum als er die Erleuchtung erlangte und hier wurde ihm der Weg des Erwachens gezeigt. Noch heute gilt die Pappelfeige als Symbol des Buddhismus und wird deshalb umgangssprachlich auch als Buddhabaum bezeichnet. Und die im buddhistischen Glauben anzutreffende Gebetsmühle hat in ihrem Inneren eine hölzerne Achse um welche ein Zettel mit einem Mantra geschlungen ist. Beim Drehen der Mühle bewegt sich das Mantra symbolisch um das Schicksalsrad. Die Achse in der Mitte dieser Mühle wird Lebensbaum genannt.

Im christlichen Glauben kennt man das Symbol als Apfelbaum im Paradiesgarten Eden aber auch symbolisch als Holzkreuz an dem Jesus den Tod fand.

Dieses Prinzip der „Verteufelung" heidnischer Symbole, nämlich dem Baum, findet sich in der christlichen Kirche aber auch in anderen Religionswissenschaften immer wieder.

Der Angelsächsische Missionar Bonifatius ließ im Jahre 723 die heilige Donareiche fällen. Es war das Baumheiligtum der germanischen Chatten. Es ist dies ein Sinnbild für die Vertreibung vermeintlich heidnischer Riten durch den christlichen Glauben.

Dabei kannst du bereits in der Genesis nachlesen, dass Gott neben Bäumen der Frucht auch den Baum des Lebens und den Baum der Erkenntnis schuf. Als Adam und Eva vom Baum dieser Erkenntnis von Gut und Böse aßen, entschieden sie sich dafür ihre ganz eigenen Erfahrungen zu machen. Als Ureltern entschieden sie so für die ganze Menschheit mit. Man könnte auch sagen sie wurden aus dem heimeligen Paradies in dem alles nur und ausschließlich auf Liebe ausgerichtet war in das „wirkliche" Leben geworfen. Dorthin wo es neben der Liebe auch die Angst gibt, wo Gut und Böse gleichermaßen ihren Stellenwert haben. Gleichsam dorthin wo die Dualität vorherrscht.

Seitdem sind die Menschen über ihren individuellen Erfahrungsweg auf der Suche zurück ins Paradies, in die Einheit in dem alles Liebe und Licht ist. Dorthin wo die Einheit von Allem mit Allem real ist. Auf diesem Entwicklungsweg sind wir alle! Manche sind bereits ein wenig weiter fortgeschritten und andere kommen jeden Tag hinterher. Du bist ebenfalls auf deinem Weg der Erkenntnis und auch die Bäume können dir dabei helfen deinen ganz eigenen Pfad zu finden.

Übung

Bevor du weiterliest geh nochmals ganz tief in dich. Schließe deine Augen. Lass nun in deinem Geiste das Bild eines riesigen Baumes entstehen. Groß und mächtig mit kräftigen Ästen und einer ausladenden Krone. Festverwurzelt und unverrückbar in der Erde verankert. Getragen und genährt von der Quelle im Inneren von Mutter Erde. Sieh seine Wurzeln, die weit verästelt, stark und kräftig in der Erde ihren Halt finden.

Spür die Kraft, die von diesem Baum ausgeht. Spüre wie sie von der Energie von Mutter Erde genährt wird. Diese Energie, die unaufhörlich alles trägt und nährt, was hier auf der Erde lebt. Jenen Baum und auch dich. Nimm wahr welche starke Schwingung von dem Baum ausgeht, höre den Wind in den Blättern und Ästen rauschen. Wenn du genau hinhörst bemerkst du, wie in seinem Innern das Wasser des Lebens sich seinen Weg von der Wurzel zur Krone bahnt. Den Baum mit dem Quell erfrischt und versorgt. Sieh wie alle diese Qualitäten aus dem Baum heraus über seine Aura in sein Umfeld strömen. Nimm dir so viel von diesen Energien wie du es gerade heute benötigst.

Versuche diese einfache Übung immer wieder für dich auszuführen. Mehr und mehr wirst du merken wie der Baum dich teilhaben lässt an seinen Kräften und du wirst spüren, dass dein Körper, dein Herz und auch deine Seele diese Sprache und diese Empfindungen kennen und annehmen. So kannst du wann immer du möchtest diese liebevolle Geborgenheit erspüren und annehmen. Schöpfe für dein Leben.

Dieser und viele andere Bäume geben gern.

Du brauchst sie nur darum zu bitten.

Die Schöpfungsgeschichte der Germanen

In der Schöpfungsgeschichte der Germanen findet man den Baum des Lebens als Weltenbaum Yggdrasil. Wir leben noch heute hier im westlich geprägten Europa in der Verbindung zu dieser nordischen Mythologie und so möchten wir dir dieses Wissen etwas vertiefter nahebringen.

Hochgewachsen weit in den Himmel hinein hält die Krone von Yggdrasil den Himmel, während die Wurzeln tief hinunter in den Schoß von Mutter Erde wachsen. Der Baum verschmilzt auf diese naturgegebene Weise die Energien von Mutter Erde und Vater Himmel. Nach der germanischen Vorstellung verbindet der Weltenbaum aber nicht nur die drei Ebenen Himmel, Erde und Anderswelt, sondern in Wurzel, Stamm und Krone bietet er den Lebensraum für neun Welten, für entsprechende Gemeinschaften von Lebewesen.

In der Edda, einer nordischen Sammlung von Erzählungen und Liedern, heißt es dazu:

… neun Heime,

neun Weltreiche

des hehren Weltbaums

Wurzeltiefen…

Die Neun verkörpert hier das Prinzip der vollkommenen Harmonie und Vollendung. Die Neun steht dabei am Ende eines Weges, so wie die Eins am Anfang steht. Es sagt uns, dass zur Vollendung immer Alles im reinsten Einklang sein darf. Nichts kann für sich genommen und damit isoliert betrachtet werden. Nicht dein eigenes Leben und auch nicht die Gesamtheit des Lebens um dich herum.

Die neun Welten des Baumes die das All-sein verkörpern sind die Reiche der unsichtbaren Wesen, der Götter, der Elfen, der Gnome, der Wesen der Elemente Luft, Erde, Wasser und Feuer. Der Baum hält hier alles zusammen und bietet jedem Wesen seinen Raum.

Im Reiche Hel und in Nebelheim leben die verstorbenen Seelen. In Midgard die Menschen, in Asgard das Göttergeschlecht der Asen. In Wanenheim leben die Götter der Fruchtbarkeit, des Friedens, der Ernte, der Heilung und des Reichtums. In Jotunheim leben die Riesen. Muspelheim ist der Ort der Reinigung, Schwarzalbenheim die Wohnstätte der Zwerge und Gnome, Elfenheim beherbergt die flüchtigen Luftwesen wie Elfen und Feen.

Wenn du die verschiedenen Lebensräume der Wesen im Weltenbaum kennst, dann ist es dir z.b. mit der Kunstfertigkeit der Hellsichtigkeit möglich dorthin zu reisen. Dann siehst du, dass der Baum hier so eine Art Landkarte darstellt.

So ist es mit einigen Fertigkeiten möglich über den Baum den Kontakt zu allen Wesen der Erde, des Himmels und aller Reiche herzustellen. Und nun verstehst du vielleicht wieder ein wenig mehr, warum der Baum dir eine Wegbeschreibung durch dein Leben sein kann. Denn auch von all diesen Wesen ist ein Teil in dir, denn auch du bist Teil von Allem. Du bist ein göttliches Wesen.

An und in den Wurzeln von Yggdrasil lebt eine Schlange und in seiner Krone ein Adler. Sie stellen mythologisch betrachtet die Verbindung zwischen dem weiblichen Aspekt von Mutter Erde und dem männlichen von Vater Himmel da. Zwischen den beiden eilt das Eichhörnchen Rattatök hin und her um Nachrichten weiterzuleiten und auszutauschen. Es verbindet dabei die unterschiedlichen Aspekte des Lebens und ist der Botschafter zwischen den Ebenen.

An den Wurzeln des Baumes an der Urdquelle leben die Schicksalsfrauen, die Nornen. Es sind dies Urd, Verdandi und Skuld. Sie verkörpern Vergangenheit, Gegenwart und Zukunft.

Gemeinsam spinnen sie an den seidenen Schicksalsfäden und bestimmen so die Geschicke von Menschen und Göttern.

An den vier Seiten des Baumes finden sich vier Hirsche, die für die vier Himmelsrichtungen und auch für die Elemente mit ihren unterschiedlichen Qualitäten stehen.

So ist der Süden mit dem Feuer verbunden, der Westen mit dem Wasser, der Osten mit der Luft und der Norden mit der Erde.

Yggdrasil steht als Baum des Lebens im Mittelpunkt des gesamten Universums. Alles bewegt sich um ihn herum. Er ist ein Symbol für das geistige Prinzip der Welt. Wer ihn zu deuten vermag versteht die Zusammenhänge hinter dem Kosmos.

Der Brunnen des Wissens

Der Brunnen befindet sich an einer der drei Wurzeln des Weltenbaumes Yggdrasil. Er wird beschützt von dem Riesen Mimir. Mimir schützt die Erinnerung der Menschheit und damit die Erinnerung eines jeden Einzelnen. Er – Innern bedeutet hier sich wieder auf das zu besinnen, was in dir schlummert, auf deine Fähigkeiten und Potenziale. Der Trank aus dieser Quelle führt dich wieder zu deiner ureigenen Quelle. Wer aus dem Brunnen trinkt erlangt das heilige, das allumfassende Wissen über sich und das Schicksal. Er nimmt über das Wasser des Lebens den Urquell unserer Existenz in sich auf.

Nach der germanischen Sage über Odin hing der Göttervater zunächst neun Tage lang kopfüber an einem Ast von Yggdrasil und zahlte dann mit einem seiner Augen dafür, dass er aus eben diesem Brunnen der Erinnerung trinken durfte. Er erlangte damit Wissen, Weisheit und Erkenntnis über alle Zusammenhänge.

Bildlich betrachtet könnte gesagt werden, dass Odin zunächst seinen Kopf leerte und damit Platz für Neues schuf. Dann war er bereit sich mit dem Wissen aus der Quelle der Wahrheiten einen neuen Blick zu verschaffen, mit dem er nun die neuen Erkenntnisse nutzen konnte. Er stellte buchstäblich alles Bisherige auf den Kopf.

Damit zeigte er das Prinzip des Loslassens und wieder Auffüllens wie es den Menschen heute oft so schwer fällt.

Für dich bedeutet dies, dass auch du auf dem Weg zur Quelle deine „Weisheiten", Ansichten, Einsichten, Glaubenssätze und Blockaden betrachten und neu orientieren darfst. Lege behinderndes Altes ab und schaffe Platz für Neues, damit du deine ureigenen Qualitäten im Brunnen der Erinnerung wieder findest. Stell dir vor in dem Brunnen läge ein wunderschönes Schmuckstück, welches du vor langer Zeit dort verloren hast und welches nun nur darauf wartet, dass du es wieder herausholst. Nutze deine Chance und ergreife das, was schon immer deins war.

Alles ist in Dir. Die Quelle, deine Quelle des Erinnerns wartet auf dich.

Weisheit

Fahgul holt hier nochmals tief Luft, schaut liebevoll in dich hinein um zu sehen, wie all diese Worte auf dich wirken, was sie bewirken, was dich bewegt. Nimm dir immer wieder Zeit die Botschaften beim Lesen in deinem Herzen ankommen zu lassen. Das Herz ist hier der direkte Durchgang zu deiner Seele.

In deinem Herzen schlummert deine allergrößte Kraft. Es ist dies die Kraft der Liebe. Eine Kraft die alles erreichen kann was du dir vorstellst. Lass dein Herz wachsen und du wirst große Schritte vollbringen.

Fahgul

Die Bank auf dem Plateau welche von der Eberesche beschattet wird, sie ist der Ort an dem wir während der Reise durch dieses Buch immer wieder zurückkehren werden. Es ist der Ort an dem die Magie zuhause ist. Hier ist Ausgang und Ziel deines Weges durch die Welt der Bäume.

So darfst du von diesem Platz aus den Mut haben im Geiste weit zu reisen, dorthin zu reisen wohin du auch immer möchtest. Vertraue dir und deinen Eingebungen. Von dem Platz an dem du jetzt gerade befindest, kannst du an jeden Ort in deiner Vorstellung gelangen.

Und denke daran, ich Fahgul bin deiner ständiger Begleiter. Ich führe dich sicher und aufgehoben durch diese Dimensionen der so ganz anderen Wahrnehmung.

Ich lade dich jetzt ein den Worten der Eberesche zu lauschen, die diesen magischen Ort behütet.

Channel mit der Eberesche

Liebe Seele, die du dich hier auf meine Worte einlässt.

Ich möchte dir an dieser Stelle nahebringen, dass es nicht wichtig ist was wir an der Oberfläche sehen, sondern auf das zu schauen und zu hören, was tief in uns steckt.

Leider fällt es den Menschen oft schwer auf die Worte der eigenen Herzensweisheit zu hören. Kopf und Verstand haben uns so geprägt, dass wir, kaum haben wir eine Botschaft gehört, schon beginnen diese kritisch zu analysieren. Solange bis wir den ursprünglichen Kern völlig aus den Augen verloren haben.

Und dabei haben wir auch verlernt uns selbst zu vertrauen. Wenn es um das Vertrauen geht kannst du dein eigenes Herz zum Maßstab machen. Das Herz lebt die Liebe, der Verstand lebt die Angst und so ist deine wichtigste eigene Frage: Wohin möchte ich mich bewegen. Zur Liebe die oft jedoch in die vermeintliche Unsicherheit führt. Oder in die scheinbare Sicherheit des Verstandes, der sich sehr oft der Angst geneigt zeigt.

Du verstehst nicht was ich dir sagen möchte?

Schau dich einmal um, wie viele Menschen kennst du, die in einer für sie völlig unannehmbaren Situation verharren, nur weil sie aus unterschiedlichsten Gründen heraus sich nicht verändern wollen. Sie bleiben in ihren Berufen obwohl diese sie krank machen. Sie bleiben in Beziehungen ohne Halt und Liebe nur weil sie nicht wissen oder Angst davor haben, was sie in der nächsten erwartet.

Die Liebe des Herzens sagt geh, der Kopf sagt bleib. Verstehst du mich jetzt?

Komme zurück in dein Vertrauen, zu deiner Stimme des Herzens. Lasse dich im Meer der Informationen ein auf die Botschaften deines Herzens und deiner Seele. Denn Herz und Seele sie sind untrennbar verbunden. Ich möchte dich einladen die Stimme deines Herzens lauter und lauter werden zu lassen. Lass dich von deiner Liebe tragen.

Terudin die weise Eberesche

Die Bäume

Die Pappel

Durchgang zu den Wesen der Natur

Botschaft

Wir haben die Pappel bewusst an den Anfang unserer Reise zu den Bäumen gestellt. Die Pappel sie ist das Tor zur Welt der Naturwesen. Das Tor zur Anderswelt. Das Tor hin zum Unsichtbaren. Die Pappel ist der flüsternde Bote der anderen Dimensionen. Dieser Baum der Anderswelt regt uns dazu an, den Worten der Naturwesen zu lauschen und Ängste vor dem Unbekannten zu überwinden.

Die Pappel steht häufig an den Ufern von Bächen oder Flüssen. Sie ist ein typischer Baum der Auen. Meist ist sie hochgewachsen und du erkennst sie wirklich gut daran, dass ihre herzförmigen Blätter, leicht und verspielt fast immer in Bewegung sind. Ihr Laub nimmt jeden Lufthauch an und reagiert auf die kleinsten Veränderungen der Schwingungen im Umfeld. So spürt der Baum auch jede Bewegung der Naturwesen in seiner Umgebung. Wer unter den Ästen einer Zitterpappel verweilt und sich auf ihre Energie einlässt, spürt die Wesen in ihrer Nähe und lauscht dem Wispern der Stimmen in ihren Blättern und Ästen. Diese Nähe zu den Naturwesen und die Leichtigkeit der

Schwingungen eröffnen dir einen spielerischen Zugang zur Anderswelt der Naturwesen.

Meditative Übung

Bitte gehe an einen Bach oder Flusslauf. Suche dir dort einen ruhigen und ungestörten Platz. Setz dich mit dem Rücken an den Stamm einer Pappel oder leg dich unter ihre ausladenden Äste.

Spüre hier ganz bewusst den Boden unter dir. Mutter Erde, die dich liebevoll willkommen heißt.

Dann lausche darauf, was der Baum dir zu sagen hat. Lausche mit deinem Herzen. Höre auf das Rascheln der Blätter, hör das Wispern der sanften Bewegungen. Lass dich ganz ein auf dieses wundervolle Erlebnis. Sinke dabei immer tiefer und tiefer in diese berührende Erfahrung hinein. Werde dir bewusst, dass sich dir hier ein Tor öffnet, mit dem du in andere Dimensionen reisen kannst. Dieser Baum, die Pappel erleichtert dir deinen Weg dorthin. Sie wirkt wie ein Verstärker deiner eigenen Sehnsüchte. Lausche den Worten des Baumes solange es für dich stimmig ist.

Wenn du fühlst, dass für den Moment genug gesagt worden ist, dann verabschiede dich liebevoll bei dem Baum, der dir diese Möglichkeiten eröffnet hat. Komme du für dich wieder in dieser Realität an. Kehre zurück ins Hier und Jetzt in diese Zeit und zu dem Ort an dem du dich gerade befindest. Sei wieder ganz da. Dann darfst du das Gespräch mit dem Baum in dir nachschwingen lassen. Was fühlst du in deinem Herzen? Erkenne die Wahrheit in den Worten und mache sie ganz bewusst zu deiner Wahrheit. Der Baum er hat dir deine Dinge gezeigt. Nimm sie für dich an und integriere sie in deinen Alltag.

So wie du es hier in dieser Übung erfahren hast, darfst du dich immer wieder den Bäumen zuwenden. So kannst du auf eine sehr einfache Art direkt in Kontakt mit jedem Baumwesen treten.

Vielleicht magst du dir die Botschaften der Bäume, die Inhalte eurer Gespräche anschließend in einem Baum-Tagebuch aufschreiben. So kannst du immer wieder darauf zurückgreifen.

Die Pappel und deine Gesundheit

Nimm einmal eines oder mehrere Blätter der Pappel in deine Hand. Zerreibe sie ganz vorsichtig zwischen deinen Handflächen und rieche welchen aromatischen Duft diese, in ihrer Form an ein Herz erinnernden, Blätter verströmen.

Zum kühlen kannst du die Blätter oder den Saft der Knospen auf der Haut zerreiben. Wenn du bereits ein wenig fortgeschritten im Umgang mit den Gaben der Natur bist, versuche einmal eine Salbe aus den Knospen der Pappel. Diese Heilsalbe wirkt bei Verbrennungen und Wunden durch ihren kühlenden Einfluss. Hier wirkt das Element Wasser auf das Element Feuer und beide bringen sich wieder in einen Ausgleich.

Ein Tee wiederum aus den Knospen hergestellt wirkt bei Rheuma, Harnwegserkrankungen und Gicht. Tee aus den Blättern unterstützt den Körper bei Menstruationsbeschwerden und dient zur Hilfe bei Problemen mit den Nieren und bei Durchfall.

Breiumschläge aus der Wurzel können bei kleineren Wunden helfen.

Weisheit

Wann immer du etwas von einem Baum erwünschst und für dich oder zum Wohle anderer nutzen möchtest, sei dir bewusst, dass du es mit einem Lebewesen zu tun hast. Begegne diesem Wesen respektvoll und achtsam.

Bitte den freigiebigen Helfer darum, ob du etwas von ihm nehmen darfst.

Wenn diese Bitte aus deinem Herzen kommt, so wird dir jeder Baum sein Herz öffnen und dir Hilfe zu teil werden lassen. So strömen die liebevollen Energien in die Blätter, die Knospen oder Teile der Wurzeln.

Geben und Nehmen in Liebe aus dem Herzen heraus.

Die Pappel und die Chakren

Wir finden die Schwingungen des jeweiligen Energierades unter anderem in Farben, Formen, Düften, Pflanzen und genauso in den Bäumen.

Somit hast du die Möglichkeit auch ganz wunderbar im Zusammenwirken mit den Bäumen an deinen Energiezentren, den Chakren zu arbeiten. Sei es, dass du diese in ihren Qualitäten unterstützen magst oder die dem jeweiligen Chakra zugeordneten Organe kräftigen und entlasten möchtest.

Das 2. Chakra, das allgemein Sakralchakra genannt wird, steht für Sexualität, Körperbewusstsein, Kreativität und Lebensfreude. Mit seiner fließenden Kraft ist es dem Element Wasser zugeordnet. So vermag dir die Pappel deine Verbindung zum Element Wasser erleichtern.

Der spielerische Umgang der Pappel mit den Schwingungen der Luft wurde bereits angesprochen. Es ist nicht verwunderlich, dass es einen direkten Bezug zum Herzchakra gibt, denn dieses ist dem Element Luft zugeordnet. Das 4. Chakra steht für Herzensöffnung, Mitgefühl und Selbstliebe und es findet sich als Herzform in den Blättern des Baumes wieder. Die Pappel unterstützt dich über ihre Qualität auch in Angelegenheiten des Herzens.

Das Stirnchakra, welches auch als Drittes Auge bezeichnet wird, steht für Intuition, Weisheit und Hellsichtigkeit und so liegt hier die Qualität der Pappel sehr nah, denn wie wir wissen steht sie für den Durchgang zur Welt ins Unsichtbare. Dem Stirnchakra ist kein Element konkret zugeordnet.

Räucherungen und Rituale

Bei Räucherungen und Ritualen mit der Pappel eigenen sich besonders die duftenden Knospen. Sie öffnen die Sinne für die Wahrnehmungen der Anderswelt. Auch die Sinne für die Schwingungen liebender Menschen werden erweitert, so dass der Rauch vorzüglich zu einer Liebesräucherung genutzt werden kann.

Pappelharz wird zum keltischen Samhain (Halloween) verbrannt. Die Räucherung soll dabei helfen die alten Ängste und Glaubenssätze abzugeben um sich für Neues zu öffnen.

Hier wie bei allen anderen Räucherungen gilt: Nimm immer nur so viel von dem jeweiligen Baum mit, wie du auch wirklich benötigst. Frage ob du Teile zum Räuchern mitnehmen darfst und bedanke dich für die Gaben. Versuche immer Verletzungen des Baumes soweit es geht zu vermeiden. Die Bäume sie geben uns gern, aber sei achtsam mit ihrem Befinden.

Channel mit einer Pappel

Geliebtes Kind,

oft schreitest du unter uns durch. Immer offen für das was wir dir mitzuteilen haben. Bleibst stehen. Nie ist dir die Zeit zu lang um zu hören welche Botschaften wir dir zu übermitteln haben.

Heute du geliebter Freund meldet sich Rahinja, eine der jungen Pappeln zu Wort um diese Mitteilung zu machen.

Liebe Freunde der Bäume, es ist so schön zu sehen, wie der Kreis der Menschen groß und größer wird, die uns Bäume als freundliche Mitbewohner erkennen und uns einen Platz in ihrer Mitte und in ihrem Herzen öffnen.

Mich als junges Ding hat man geschickt, weil auch eure Zuneigung zu uns jung geboren und gerade wieder frisch im Erwachsen ist. Viele Ältere unter uns sind noch ein wenig zurückhaltend. Ja, es ist bei uns Bäumen manchmal nicht anders als bei euch Menschen. Die, die jung im Herzen sind dürfen voranschreiten.

Wir die Pappeln möchten euch dabei helfen diese ersten Schritte zu tun. Wir sind sehr offen für eure Anliegen. Wir haben sehr feine Antenne für eure Bedürfnisse und Wünsche. Da wir aufgrund unserer sehr sensitiven Wahrnehmung auch mit allen anderen Schwingungen sehr leicht in Resonanz gehen, bilden wir häufig eine Brücke zwischen den verschiedenen Wesenheiten.

So können wir eure Wünsche und Themen empfangen, weiterleiten und Antworten übermitteln. Wir geleiten euch dann zu den Licht- und Naturwesen, die euch genau jetzt am besten beim Erleuchten des weiteren Pfades zu helfen vermögen. Und wir sind auch Mittler zwischen den vielen unterschiedlichen Bewohnern der Anderswelten und euch.

Betrachtet uns einfach als Übermittler und Botschafter zu denjenigen, die noch nicht im direkten Austausch mit euch sind. Wir sind das Radio des Waldes, doch können wir ein unmittelbares Gespräch mit einem Baum, mit einer Pflanze oder einem Naturwesen nicht ersetzen.

Wir freuen uns auf viele Gespräche mit euch. In Liebe und Freundschaft.

Rahinja

Fahgul

Nun nachdem du diese liebevollen Worte vernehmen durftest und diese sicher noch in dir nachklingen, begleite ich dich gedanklich wieder hin zu deinem Platz auf der Bank.

Hier möchte ich dir heute etwas über meine Gemeinschaft, über meine eigene Baumfamilie, über die Buchen erzählen.

Die Buchen, die so wichtig für die Menschheit sind, tragen tief in sich das ganze Wissen welches in all den Äonen auf- und niedergeschrieben wurde. Sie sind die klugen Ratgeber, der Verstand des Waldes und aller Baumgemeinschaften.

Schau dich von deinem Platz auf der Bank aus um. Nimm wahr wie überall um dich herum großgewachsene Buchen in den Wäldern stehen. Sie durchströmen mit ihren Energien alle Bereiche des sichtbaren wie des unsichtbaren Lebens.

Siehst du dort rechts von dir die zwei mächtigen und prachtvollen Buchen. Sie sind dein Tor ins Reich meiner Familie. Vernimmst du ihren Ruf und magst du mir folgen hin zu dieser Pforte, welche nur für dich gerade jetzt in deinem Leben geschaffen wurde.

Dann komm, ich nehme dich an meine Hand und geleite dich zu dem Eingang und durch diesen hindurch.

Nachdem wir das Tor gemeinsam durchschritten haben siehst du inmitten vieler Buchen eine ganz alte, die aus den anderen hervorsticht. Es ist dies die Bewahrerin der Klarheit und Weisheit und sie ruft dich herzberührend zu sich. Kannst du ihren Ruf vernehmen? Spürst du ihre Liebe? Magst du zu ihr gehen?

Die Buche

Hüterin des geschriebenen Wissens

Botschaft

Die Verbindung zu diesem Baum bringt dir klärende Informationen die dem verstandesgewohnten Denken zuzuordnen sind. Gerade in einer sehr ruhelosen Zeit in der uns, ob der großen Informationsflut, oft der Blick fürs Wesentliche verloren geht, ist die Buche eine weise Beraterin. Lass dich unter ihren schattigen Ästen nieder und betrachte dein Leben in Ruhe und mit Bedacht. Mache es so wie du es in der Übung mit der Pappel gelernt hast.

Schau welche Gedankenströme gerade dich und dein Leben bestimmen. Welche Berechtigung haben sie da zu sein? Welche Wichtigkeit und auch Wertigkeit räumst du ihnen ein?

Lass dich dann auf die Botschaften des Baumes ein. Erlaube dir, dich möglichst frei zu machen von gewohntem Denken, von eingefahrenen Wegen. Lass alles was dich beschäftigt für jetzt und den Moment los.

Dann empfange ihr großes Wissen. Lass es in dich einströmen wie guter Wein in einen goldenen Kelch. Werde dir bewusst, dass du dieser Kelch bist und es ist an dir, in diesem Gefäß Platz zu schaffen für die guten Gaben des Lebens.

Es bleibt immer und zu jeder Zeit deine Entscheidung was du in dein Leben lässt. Sicher hast du bereits schon einmal den geflügelten Satz gehört: DU bist der Schöpfer deines Lebens.

Hier wird es ganz anschaulich für dich. Du entscheidest an jedem Tag deines Lebens, welchen Wein du trinken magst. Du entscheidest was an jedem einzelnen Tag passiert. Du hast immer und zu jeder Zeit die Freiheit deine Entscheidung zu treffen.

Für unseren Seelenweg wurde uns vieles auf diese Erde mitgegeben. Ein herausragendes Gut ist dabei unser absoluter freier Wille, der von jedem Wesen der geistigen Welt geachtet und respektiert wird. Respektierst du selbst deinen freien Willen?

Bleibe bei allen deinen Entscheidungen immer in der Liebe zu dir und allem was du tust. Lasse dich nicht von den Ängsten beraten, die immer und überall um dich sind. Betrachte sie wohlwollend als Begleiter, die dir etwas in deinem Leben zeigen möchten. Aber lass nicht zu, dass die Ängste über dein Leben bestimmen. Angst, Verzweiflung, Gefühle der Enge sind denkbar schlechte Berater.

Verlasse dich auf deine innere Stimme und lasse sie nähren vom Baum dieses Wissens. Die Buche als Bewahrerin aller Weisheiten hat die Antworten für dich parat. Es ist an dir diese Antworten in dein Leben hineinzulassen.

Bedenke dabei immer, dass du auf dieser Welt lebst, in deinem Umfeld und wäge für dich genau ab, was dein nächster Schritt sein darf. Aber noch einmal: Höre dabei auf die Stimme der Liebe, so wie sie ganz ungetrübt aus dem Baum zu dir fließt.

Die Buche, sie zeigt uns auch, dass unser Lernen nie endet. Immer wieder dürfen wir auf alte Weisheiten zurückgreifen und ihnen neue hinzufügen. Alles ist immer und zu jeder Zeit in Bewegung und im Fluss.

Betrachte es als ein großes Geschenk, dass du dich mit Lernen beschäftigen darfst. Sei dankbar und offen für jede neue Botschaft die dich erreicht.

Die Buche sie ist die weise Göttin des Waldes. Der Baum ist eng verbunden mit dem Wissen und der Weisheit aller Menschen.

Schon der römische Gelehrte Tacitus stellte fest, dass die Germanen Runen in Stäbe aus Buchen schnitzten. Mit diesen befragten sie die Götter. Das indogermanische Wort Runa bedeutet so viel wie Geheimnis. Auch der Begriff raunen leitet sich aus diesem Wortstamm ab. Nur den Eingeweihten war es erlaubt die Nachrichten der Götter zu lesen und zu deuten.

Heute jedoch steht vielen Menschen ein umfangreiches Wissen zur Verfügung. Nun ist es die eigentliche Herausforderung jedes einzelnen, zu unterscheiden, was für ihn in der Masse der Nachrichten und Informationen wirklich wichtig ist.

Gerade hier liegt in der modernen Zeit eine große Aufgabe. Im Zeitalter von Smartphone, Tablet, Google, Facebook und dem Internet im Ganzen finden wir zwar Antworten auf nahezu jede Frage des Verstandes. Aber finden wir wirklich Antworten! Kommen wir uns nicht oft eher vor wie in einem Nebel der Information aus dem es scheinbar keinen Ausweg gibt. Und macht es uns nicht tatsächlich ratlos, wenn wir auf eine Frage so viele unterschiedliche Antworten bekommen.

Und genau an dieser Stelle hilft dir die Buche in deine Ruhe zu finden. Dich einzulassen auf das Wissen was genau jetzt in dir ist und nur darauf wartet, dass du diese innere Suchmaschine wieder entdeckst. Alle Antworten auf alle Fragen sind in dir. Finde zurück zu dir und deinem ganz eigenen Wissen. Vertraue darauf, dass du, dass deine Seele, dass dein ICH BIN genau weiß, was gut und richtig ist.

Die Buche und die Chakren

Und genaue diese Unterstützung für dein Vertrauen kannst du bei der Buche finden. Sie hat eine starke Verbindung zum Wurzelchakra. Dieses Chakra welches wie kein anderes für Urvertrauen, für Geborgenheit, für sicheren Rückhalt steht. So ist die Buche auf dieser Ebene fest mit diesem deinem Basischakra verbunden. Nur wenn Vertrauen und Geborgenheit in dir sind, kannst du die Stimmen deines inneren Wissens zulassen. Öffne dich dafür, auf dich und deine Entscheidung zu vertrauen. Dabei immer auch deine Erdung im Hier und Jetzt im Auge behaltend. Und so fließen hier die Kräfte des Vertrauens und der Erdung mit der Quelle am Herzen von Mutter Erde zusammen. Neben der Eiche verkörpert die Buche am stärksten die Energien des ersten, des Wurzelchakras. Vertraue auf dich und deine Wurzeln!

Räucherungen und Rituale

Ganz praktisch kannst du die Buche für dich in Räucherungen und Ritualen zur Anwendung kommen lassen.

Verräucherte Buchenspäne klären diffuse Zustände und führen den Geist dazu sich auf dein Inneres einzulassen. Der Duft fördert deine Konzentration und beruhigt Körper, Geist und

Seele. Diese Energien kann auch dabei helfen starke geistige Arbeiten zu vollbringen.

Und vielleicht magst du diese Energie bei dir tragen. So hilft ein Talisman aus Buchenholz geschnitzt die schöpferischen Fähigkeiten zu verstärken.

Und nicht zuletzt ist es ein schönes Ritual Wünsche in Buchenholz einzuritzen, damit sie in Erfüllung gehen.

Weisheit

Bedenke beim Wünschen, sie können und werden nur in Erfüllung gehen, wenn sie ganz tief aus deinem Herzen kommen. Wenn du im Stande bist sie zu fühlen, so als wären sie bereits realer Bestandteil deines irdischen Lebens.

Bedenke dabei genau was du dir wünschst, denn es könnte genauso in Erfüllung gehen!

Sage der geistigen Welt aus deinem Herzen heraus, mit deinen Worten, klar und eindeutig was du in dein Leben ziehen möchtest.

Dann können deine Wünsche wahr werden.

Fahgul

So du liebe Seele nun darf ich dich zurück begleiten, hin durch das Tor am Buchenwald, zurück auf die Bank auf dem Plateau.

Bemerkst du, wie sich dein Platz dort verändert. Sieh nur dort stehen jetzt Rahinja, die Pappel und eine weitere Buche. Sie scheint dir noch eine Botschaft mitgeben zu wollen. Nimm Platz und wir wollen hören was sie uns zu erzählen hat.

Channel mit einer Buche

Haben Bäume Heilkräfte?

Geliebtes Menschenkind,

mein Name ist Ko und ich bin eine uralte Buche.

Wir Buchen sind in der Welt der Naturgeister als weise und gütig bekannt und so hat man mich ausgewählt diese deine Frage zu beantworten.

Ja Bäume haben eine Heilkraft.

Wir Bäume sind Teil des Waldes, sind Teil der Natur und Teil von Allem. In der Natur ist alles auf Harmonie und Ausgleich ausgerichtet. Wenn du also Heilung als Ausgleich verstehst etwas wieder ins Gleichgewicht zu bringen was unrund geworden ist, so kann man deine Frage eindeutig und ganz klar mit Ja beantworten.

Suche nach dem was im Ungleichgewicht ist und du wirst wissen wo Heilung angebracht erscheint.

Dies ist auch ein schöner Gradmesser dafür, wo es wichtig ist zu heilen und wo hingegen der Mensch genau diese Erfahrungen machen darf.

Der „Weg" wie ihr Menschen es immer so schön bezeichnet, den ihr hier auf Erden geht, ist oft nicht gerade, er ist kurvig, manchmal steil und schwierig, aber wenn es „der Weg" ist, ist er immer im Gleichgewicht der Kräfte.

Gebt den Menschen dort Heilung, wo sie wahrnehmen dürfen, dass ihr „Weg" aus dem Gleichgewicht geraten ist.

Hier können wir Bäume den Menschen eine Unterstützung anbieten. Jeder von uns ist für sich ein Heiler. Jeder von uns trägt andere Qualitäten in sich. Jeder von uns ist jederzeit zur Stelle wenn ihr uns ruft.

So sei es.

Ko

Fahgul:

Ich danke hier als dein Begleiter Ko für seine Ausführungen. Vielleicht magst auch du ihm einen Dank senden. Einen Dank für das Wissen welches tief im Innern seiner Worte aufscheint.

Heilung ist Ausgleich auf allen Ebenen. Nicht immer zeigen sich alle Erfahrungen, die wir machen auf den ersten Blick als schön und gut. Manche Erfahrungen, manche Begegnungen im und mit dem Leben verstören und verwirren uns.

Nimm die Worte von Ko auf und nimm deine eigene Harmonie als Gradmesser. Hast du jetzt gerade im Moment das Gefühl auf deinem Weg zu sein oder fühlst du dich abseits im Dschungel? Bist du in Harmonie, bist du ausgeglichen? Fühle in dich hinein und befrage dein Herz. Was möchte es tun? Was möchte die Liebe in dir selbst jetzt gerade in diesem Moment tun?

Finde die Antwort auf diese Frage und setze sie um. Dann hast du etwas vom Wesen und dem Wissen der Buchen verstanden.

In diesem Sinne freue ich mich auf den weiteren Weg mit dir. Du bist ein angenehmer und sehr freundlicher Mitreisender. Ich spürte die Wärme deines Herzens schon tief in den Wald hinein. Danke für dein Zuhören, Danke für deine Achtsamkeit, Danke für dein Sein.

Nun wollen wir schauen, was uns die anderen Bewohner des Waldes, was uns die nächsten Bäume zu erzählen haben. Und weißt du ich habe schon so eine Ahnung wen wir heute treffen werden.

Ich möchte dir hier an dieser Stelle mal sagen, dass es schön ist mit dir hier von der Bank aus auf die Reise zu gehen. Ich freue mich, dass du so wissbegierig bist und immer wieder etwas von meinen Baumfreunden und mir erfahren möchtest. Sehr wünsche ich mir, dass du dein Herz immer weiter und weiter öffnest und den intensiven Worten lauschen magst. So wird deine Neugier sich mehr und mehr in Kraft wandeln, die du für dich und zum Nutzen vieler einsetzen kannst.

Gerade jetzt als ich an die Kraft denke, nehme ich wahr, wie sich hinter der Bank, in unserem Rücken etwas tummelt. Es ist eine ganze Ansammlung von wunderschönen Baumenergien, die es offenbar gar nicht abwarten können, dass du sie besuchen kommst. Also machen wir uns auf den Weg.

Spürst du schon die Kraft, die von dieser Baumgruppe ausgeht? Und vermagst du schon zu erkennen, wer uns erwartet? Komm wir laufen näher, dorthin in Richtung Osten wo am Morgen die Sonne aufgeht und der Rhythmus des Tages seinen Anfang nimmt.

Ja komm, lass uns gemeinsam über die Wiese rennen, tollen, jagen. Lass es uns voller Vorfreude auf das tun, was wir gleich erleben werden.

Komm lass das fröhliche Kind in dir heraus und hüpfe mit mir Hand in Hand zu der Baumgruppe.

Nun, wo wir angekommen sind, denke ich es ist an der Zeit dich mit einer der mächtigsten Baumfamilien bekannt zu machen. Ich spreche hier von den Eichen, diesen großartigen Mitbewohnern des Waldes. Du hast bereits einige aus meinem Volk kennen lernen dürfen und so erscheint es mir an der Zeit zu sein, dass du diese kraftstrotzenden Brüder und Schwestern triffst.

Schau nur uns wurde ein Eichenkreis bereitet. Ein schöner und kraftvoller Ort an dem wir uns in der Stärke dieser Bäume aufgehoben fühlen dürfen.

Vielleicht magst du dich in der Mitte des Kreises niederlassen. Hier wo all die Energien des Ringes zusammenfließen. Setz oder lege dich, mache es so, wie es für dich gerade gut und richtig ist.

Lausche hier den Stimmen direkt aus dem Kreis der Eichen und höre ihre Botschaften.

Die Eiche

Baum der inneren und äußeren Kraft

Botschaft

Die Eichenenergie sie ist eine der kraftvollsten überhaupt. Die Eiche sie stärkt und schützt, so kann sie mit ihrer Kraft im Inneren wie im Äußeren Dynamik und Vitalität vermitteln. Sie kann bei körperlichen Gebrechen so wirkungsvoll sein, wie bei Menschen, denen der innere Halt fehlt.

Oft fühlen sich die Menschen im Alltag leer und kraftlos. Vollkommen ausgezerrt von den täglichen Anforderungen und den Dingen die im Leben zu bewältigen sind. Ich möchte hier gar nicht darüber sprechen, dass manche Mühen unnötig, manche Wege nicht gegangen werden müssten oder viele Arbeiten geradezu unsinnig sind.

Hier geht es ganz konkret darum Menschen wieder in ihre Kraft und Stärke zurück zu führen. Dazu ist kein anderer Baum so gut und sicher in der Lage wie die Eiche.

Die Eiche, der König der Bäume, füllt dir nicht nur deine Kraftzellen wieder auf, er schenkt dir mit dieser Energie auch spirituelle Klarheit, Wahrheit und Weisheit. So öffnen sich dem Kundigen mit dem Erstarken der eigenen geistigen Kräfte Wege in andere Dimensionen und die Mysterien des Lebens. Die Eiche ist deine Fülle im Innern wie im Außen.

Durch diese so wichtige Rolle hat die Eiche auch eine sehr besondere Beziehung zu anderen Bäumen und Pflanzen und so kann ihre Kraft gut in Bezug zu Energien anderer Bäume gesetzt werden. Verstärke beispielsweise durch die Eiche deine geistige Kraft und verbinde dich dann mit der Buche. Die bereits enormen Fähigkeiten der Buche werden nochmals gestärkter und klarer bei dir ankommen. Oder spüre beispielsweise die Leichtigkeit der Birke und lass dich durch die Kraft der Schwerelosigkeit tragen.

Du wirst noch viele weitere Energien von Bäumen hier entdecken dürfen, die sich wunderbar mit dieser Kraftquelle koppeln lassen. Du kannst nahezu allen mit dieser Wirkung einen zusätzlichen Schub versetzen. Und dazu bieten sich hier in der freien Natur so viele Möglichkeiten. Also setze immer, wenn du eine Energie noch zusätzlich verstärken möchtest die Eiche daneben ein.

Bäume wachsen aus eigenem Antrieb immer genau dort, wo für sie die günstigsten Bedingungen sind. Und oft nehmen sie sich dann für ihre Anliegen die Energien der Eichen hinzu. Die Baumwesen wissen halt genau was sie tun und was für sie gut ist.

So wirst du, wenn du aufmerksam unterwegs bist und das bist du natürlich, immer mehr Orte finden in denen sich Bäume oder Baumgruppen so zusammen gefunden haben, dass sie dabei für sich und für viele andere die besten gegenseitigen Energiespender sind. Diese Natur ergänzt und unterstützt sich in allen Lebenslagen. Und auch darin kann sie uns Vorbild sein.

Eiche und Mythologie

Die Eichen waren schon bei den Kelten, ebenso den Germanen heilig und Misteln aus ihrer Krone geschnitten waren bei druidischen Sehern und Heilern bevorzugt.

„Die Druiden halten nichts heiliger als die Mistel und den Baum, auf dem sie wächst, soweit es eine Eiche ist", so schreibt bereits der Römer Plinius im 1. Jahrhundert nach Christi Geburt. Schon der Name der Druiden leitet sich dabei von dem keltischen Name der Eiche, Duir, ab.

Die Mistel war für die Druiden eine wichtige heilige Pflanze, die „zwischen Himmel und Erde" wuchs. Mitten in der Kälte des Winters kam sie zum Vorschein und versinnbildlichte so die unsterbliche Energie. Nicht ohne Grund suchte die Mistel sich dazu häufig diesen guten Nährboden in der Krone der Eichen, denn zwischen ihren Astgabeln fand sie, was sie benötigte.

Der Eichenkönig regiert in der englischen Mythologie die erste Hälfte des Jahres bis zu Alban Hevin, der keltischen Sommersonnenwende; danach folgt ihm der Stechpalmenkönig. Beide sind in ihren Zyklen verbandelt mit der Muttergöttin Erde und beide Könige schaffen durch diesen Bund die Grundlage für das immerwährende Leben, welches sich im Rhythmus der Jahreszeiten zeigt.

Die Eiche und die Chakren

Der Eichenbaum ist neben der Buche der Baum des Wurzelchakras überhaupt. Er symbolisiert Kraft und Urvertrauen. Seine Wurzeln reichen tief in die Erde und bieten einen hervorragenden Halt. Dieses Vertrauen in deine eigene Kraft ist die Basis für dein ganzes Leben.

Körper, Geist und Seele werden erfüllt von neuer Energie, Kraft, Mut und Willensstärke.

Jetzt wollen wir jedoch der Einfachheit halber die Eichen hier in diesem Kreis zu Worte kommen. Lausche den Stimmen der Eichen, diesem kraftvollen Orchester der nie versiegenden Kraft.

Channeling im Eichenkreis

Fragen an die Eichen

Bedeutung dieses Kreises hier an diesem Ort?

Geliebtes Kind,

ich freue mich, dass du heute hier zu mir und in diesen Kreis von Eichen gekommen bist.

Ich bin hier der Baumälteste und spreche zu dir.

Wir Bäume sind beglückt, dass es wieder mehr und mehr Menschen gibt, die bereit sind mit uns in den Kontakt zu treten. Gerne werde ich, gerne werden wir die Fragen beantworten, mit denen du heute hier hingekommen bist. Hier hinein in diesen Kreis von Wächtern, der vor sehr langer Zeit von einem sehenden alten Mann in seiner Anlage erkannt und bewahrt worden ist.

Hierhin an diesen Platz kamen bereits vor vielen Jahren die Menschen, die problembeladen und von der Last gebeugt waren. Sie suchten hier die Stille und Abgeschiedenheit außerhalb der dörflichen Besiedlung. Hier war und ist ein Ort der inneren Einkehr. Hier wo sich die kraftvollen Energien der Eichen bündeln und sich vereinen mit den Kräften der Natur, den Qualitäten von Mutter Erde und Vater Himmel. Hier am höchsten Erhebungspunkt ausgerichtet zum Aufgang der Sonne nach Osten. Dies hier ist ein jahrhundertealter Kraftplatz, der seine symbolische Darstellung im Kreis der Eichen gefunden hat.

Solche Kraftplätze findet ihr an vielen Orten im Wald.

Welche Qualitäten haben die Eichen?

Spürst du die Kraft unter deinen Füssen. Spürst du wie sie zu dir hinaufströmt, in dich hinein fließt und dich teilhaben lässt an dem was uns ausmacht. Wir die Eichen stehen für die Kraft der Natur, der Elemente und wir sind die Kraftquelle für viele andere Wesen, die in Einheit mit uns leben. Gerne geben wir von dieser Kraft ab. Sie ist so mächtig, so stark und so unermesslich, dass sie nahezu unerschöpflich erscheint. Für euer menschliches Auge sind wir hier oberirdisch bereits mächtige Vertreter unserer Art. Wir stehen mit unserem ganzen Äußeren für Stärke im körperlichen Sinne.

Doch wie würdest du erst schauen und staunen, wenn du sehen könntest welch riesiges Netzwerk unsere Wurzeln in der Erde gebaut haben. Und genau hier in der Erde befindet sich die Quelle, die niemals versiegt und uns mit Kraft speist. Es ist die Quelle im Schoße von Mutter Erde. Dieses wundervolle Kraftwerk der Natur mit seinem überreichen Angebot an nährender Energie. So sind wir mit unserer Stärke und unserer Kraft das Sinnbild für die Stärke von Mutter Erde.

Und du sollst auch wissen, dass sich die Kraft auf dich, auf euch überträgt, wenn und soweit ihr den bewussten Kontakt zu uns sucht. Geht in die Stille, nehmt euch die Zeit für diese Verbindung. Fühlt und genießt sie. Öffnet euch auf allen Ebenen und nehmt von unseren überströmenden Energien. Und seit gewiss, sie fließen zu eurem Körper, wie zu eurem Geist. Sie stärken euch auf körperlicher und auf mentaler Ebene. Und glaubt und wisst, eure Seele wird euch dankbar sein, dass ihr sie auch über diesen Kontakt ihrer lichten Welt wieder ein Stückchen näher bringt.

Fühle dich in deinem ganzen Wesen geliebt, gehalten und genährt. Dies ist ein Teil unserer Aufgabe hier auf Erden. Komm zu uns und nimm uns wahr, so wie wir dich wahrnehmen. Dass du, dass ihr Menschen wieder mehr mit uns sprecht, uns wahrnehmt und uns respektiert ist der Ausgleich, den wir erbitten um euch im Gegenzug an unseren Fähigkeiten teilhaben zu lassen.

Ich danke dir, dass ich sprechen durfte.

Nereius, Ältester des Baumkreises

Welche Botschaft haben die Eichen für die Menschen?

Es spricht ein Baum-Paar und ganz deutlich sind die weiblichen und die männlichen Energien dieses Paares wahrzunehmen.

Geliebtes Kind,

gerne wollen wir dir die Frage beantworten.

Zunächst einmal wollen wir dir sagen, dass wir ganz bewusst als Paar zu dir sprechen. Hier sei gesagt, dass unsere Sprache etwas anders fließt als die Menschen es gewohnt sind.

Wir können unsere Sprachschwingungen koppeln und so nimmst du die Worte wahr als einen Strom, der doch gleichzeitig von uns beiden kommt. Es würde zu weit führen dies hier jetzt in der Tiefe zu erläutern. Unsere Worte fließen parallel, vereinigen sich und strömen dann wie eine Stimme an dein Ohr.

Die Botschaft, die wir hier heute für die Menschheit haben, ist, dass ihr beginnen dürft wieder in die Harmonie einzutauchen, aus der ihr stammt.

Zu Anbeginn der Schöpfung des Kosmos war alles Harmonie, alles war eins. Es gab kollektive Gedankenmuster, die auf Liebe und Wahrheit in ihrer reinsten Form ausgerichtet waren. Es ging um ein Miteinander, ein Nebeneinander in der gleichen Ausrichtung. So wie wir heute hier als zwei Individuen und doch mit einer Stimme sprechen, so war zu Anbeginn jedes Licht ein Individuum und doch gehalten vom Wissen um die Einheit. Erst als euch in der Schöpfung der freie Wille gegeben wurde, als ihr euer Ego bewusst wahr genommen habt, fingt ihr an euch nicht nur als

Individuum zu sehen, sondern ihr habt begonnen, jedes individuelle Merkmal als Besitz zu betrachten, welches es zu verteidigen gilt. Ihr habt begonnen mehr Energie in diesen Schutz eurer Individualität zu stecken, als darin die Qualitäten der Einzelnen zu bündeln zum Wohle aller.

Beginnt wieder mehr und mehr damit im Wir-Sein zu leben. Beschenkt euch und euer Umfeld mit euren Qualitäten. Verschenkt euch und eure Liebe. Dann wird euch diese Liebe zigfach zurückgegeben werden. Steckt all eure Stärke, euren ganzen Mut, euer Wissen, alles was euch ausmacht herein um wieder zu den Idealen der Schöpfung zurück zu finden. Ideale wie Liebe, Klarheit, Bewusstheit, Respekt vor euch und allen Menschen.

Schafft kleine Kreise in denen ihr diese Ideale ohne Vorbehalt leben könnt. Schult andere darin, diese Stärken anzunehmen und ermutigt sie darin diese zu leben und wiederum eigene Kreise zu schaffen. Und habt vor allem den Mut und die Wahrhaftigkeit dies in eurem Alltag zu leben. Ihr bestimmt euer Leben. Ihr müsst vor niemand und vor keiner Meinung an keinem Ort zurück schrecken. Euer Wort, eure Stimme und eure Stärke sind in diesem Neuen Zeitalter gefragt. Besinnt euch auf euer geistiges Vermögen.

Und wir die Eichen stärken euch den Rücken, wenn der Weg nicht immer leicht erscheinen mag. Wir geben euch die Kraft, die Zuversicht und die Stärke auf diesem Weg zu bleiben.

Danke, dass ihr die Wege erkennt.

Nori und Kalima

Fahgul:

Spür noch in dir nach wie wunderbar kräftig sich diese Energie der Eichen angefühlt hat. Diese sinnbildlich zum Baum gewordene Stärke und Qualität dieser majestätischen Lebewesen.

Und werde dir dabei bewusst, dass es hier bei uns Bäumen wie in all den Dimensionen in denen du dich hier immer mehr bewegst keine Hierarchien wie bei euch Menschen gibt. Jeder hat hier seine Energie und seine Fähigkeiten, doch wir sind Gleiche unter Gleichen. Alle werden gleichermaßen ob ihrer Fähigkeiten geschätzt, denn wir haben erkannt, dass selbst die vermeintlich noch so kleinste Energie, wie die vermeintlich große Energie nur im Zusammenspiel zu ihrer vollsten Entfaltung kommt. Und so ist der Eichenkönig hier ein Hinweis auf seine Stärke aber er ist ein gleichberechtigter Bruder unter uns Schwestern und Brüder.

Und dies ist gerade ein so schönes Stichwort für mich, um dich hier mit weiteren Freunden und Nachbarn des Waldes bekannt zu machen. Ich spreche von zwei Bäumen, von einem Pärchen wie sie ungleicher nicht sein könnten. Gleichzeitig sind sie sich jedoch so nahe wie es kaum etwas sein kann. Dieses Paar versinnbildlicht das weibliche und das männliche Prinzip, mithin jeder Baum eine Seite der gleichen Münze. Eine verkörperte Darstellung des geistigen Gesetzes des Geschlechts, wie es in uns allen und in Allem lebt.

Der Begriff des Geschlechts bezieht sich hier nicht auf die weibliche und männliche Geschlechtlichkeit. Jeder Mensch, jede

Sache, jede Situation enthält im geistigen Sinne männliche und weibliche Aspekte.

Dabei richtet sich die männliche Energie nach außen, handelnd, aktiv und die weibliche Energie empfänglich, annehmend, abwartend. Geistig steht die männliche Energie für das „Bewusstsein" (das ICH) die weibliche Energie für die unbewusste Seite des Seins (das MICH). So erzeugt das weibliche Prinzip Ideen, erschafft etwas Geistiges, der schöpferische Anteil und der männliche Aspekt setzt diese Ideen in Taten und Handlungen um. Die Materie folgt dem Geist.

Nun möchte ich dich bekannt machen mit Apfel und Birne die diese Symbiose der Qualitäten als natürliches Symbol von Yin und Yang anschaulich erkennen lassen.

Komm begleite mich zum Waldrand, den du hier vom Eichenkreis aus sehen kannst. Sie stehen dort nebeneinander in wunderbarer Eintracht, wie es nur mehr liebende Geschwister auszeichnet.

Apfel und Birne

Das ungleich gleiche Paar

Spürst du beim Nähertreten bereits die Energie, die von den beiden ausgeht? Im höchsten Einklang und voller Harmonie stehen sie gleichberechtigt Seite an Seite.

Vielleicht magst du dich zunächst einmal zwischen sie setzen. So dass du dieses Zusammenspiel ihrer Magie erkennen und annehmen kannst. Denn Harmonie entsteht hier aus dem Einklang der Aspekte von Wollen und Fühlen.

Beide möchten sich zu Beginn bei dir vorstellen. Du siehst hier Awila, die schöne Apfeltochter aus dem Geschlecht der Erdgöttin.

Nach bäumischen Vorstellungen klein und zierlich im Wuchs ist sie jedoch in ihrem Inneren eine starke und kraftvolle Stütze der Baumgemeinschaft.

Daneben findest du Piero, den gütigen Vertreter der männlichen Kräfte. Er verkörpert die Tugenden der Aktivität, des Handelns, des Anpackens, des Vorangehens.

Vielleicht magst auch du dich erst bei den beiden vorstellen.

Der Apfel

Baum der Liebe und Lebensfreude

Botschaft

Der Apfel steht in vielen Kulturen für Freude, Liebe, Fruchtbarkeit, die überbordende Lebensfreude in Leichtigkeit. Er ist ein Symbol für Fülle und Jugend, sowie den guten Neubeginn.

Martin Luther wird das Zitat zugeschrieben:

„Auch wenn ich wüsste,

dass morgen die Welt zugrunde geht,

würde ich heute noch einen Apfelbaum pflanzen"

Besser kann man den Neubeginn in Leichtigkeit kaum in Worte kleiden.

Apfel und Mythologie

Der Apfel wird rund um den Erdkreis verehrt und taucht so in unzähligen Mythen, Legenden und Sagen auf.

Das Märchen von Frau Holle, in dem die Goldmarie über einen Brunnen in die Anderswelt hinabsteigt und dort auch einen

Apfelbaum durch Schütteln von seinen Früchten befreien muss ist sicher vielen von uns wohlbekannt.

Die Priester der Kelten, die Druiden sollen ihren Hauptsitz auf der sagenumwobenen Insel Avalon gehabt haben. Avalon bedeutet so viel wie Land der Äpfel.

In der keltischen Kultur stand der Apfel auch als Symbol der Fruchtbarkeit und wurde am Tag der Wintersonnenwende und damit dem Beginn der aufgehenden Saat durch den Winterkönig Stechpalme an den Eichenkönig, den Regent des Sommers, verschenkt. Damit begann ein neuer Zyklus des natürlichen Kreislaufs von Leben und Sterben.

In christlicher Zeit wurde aus dieser Mythe das Verschenken von Äpfeln zur Weihnachtszeit. Noch in unserem modernen Zeitalter ist davon erhalten geblieben, dass wir uns den Apfel als Schmuck an den Weihnachtsbaum hängen.

Das Symbol der ewigen, immer wiederkehrenden Jugend spiegelt sich auch bei den Germanen wieder, wo die Göttin Iduna für das Göttergeschlecht der Asen die Äpfel der ewigen Jugend hütet. Erinnere dich, die Asen sie leben im Weltenbaum.

Kulturübergreifend zur griechischen Mythologie wachsen im Garten der Hesperiden die Äpfel der Unsterblichkeit.

Und nicht ohne Grund wurde auch der in unserer Kultur bekannte Reichsapfel in manchen Gesellschaften zum Symbol immerwährender irdischer Herrschaft.

Der Apfel und die Chakren

Der Apfel mit seiner Fruchtbarkeit steht für den Aspekt des Weiblichen.

Damit hat der Baum einen direkten Bezug zum Sakralchakra. Dieses Chakra ist das Zentrum sexueller Energie und Sitz der puren Schöpfung. Lebe gemeinsam mit dem Baum deine weiblichen Energien aus. Nimm sie an und sei dir der Stärke dieser Weiblichkeit bewusst. Und auch Mann darf sich seiner weiblich Seite zuwenden und diese ganz in sein Leben integrieren.

Dieser anmutige Baum er steht auch für die gelebte Leichtigkeit. Pure Lebensfreude und verspieltes Annehmen dessen was ist. Hier darfst du dir der Energien aus deinem dritten Chakra, dem Solar Plexus, dem Sonnengeflecht klar werden. Das Feuer welches in der Mitte deiner Emotionen brennt es findet hier seinen Ausdruck.

Der Apfel und die Gesundheit

Kaum einer Frucht werden so viele gesundheitliche Aspekte zugeschrieben, wie dem Apfel.

Der englische Satz: An apple a day, keeps the doctor away, ist zum geflügelten Wort für die Vorteile geworden, die dem Verzehr eines Apfels zugesprochen werden. Er wirkt in unterschiedlichen Anwendungen auf die Verdauung, Niere und Blase sowie auf die Herztätigkeit.

Äpfel sind im Übrigen auch hervorragende „Unterstützer" bei dem Ansatz das Rauchen aufzugeben. Nach dem Genuss eines Stückchens Apfel schwindet die Lust auf eine Zigarette.

Räucherungen und Rituale

In einem Ritual und bei einer Räucherung verwand, bringt uns der Apfel seine Vorzüge über den Duft nahe. Es können sowohl die Rinde wie die Blüten und Blätter des Baumes verräuchert werden.

Das Aroma schafft die Basis für freudvolle, friedliche Aspekte und bringt jede Atmosphäre in fröhliche Schwingungen.

Das Holz des Apfelbaums gibt ein wundervoll stimmungsreiches Feuer und hat man das Glück an getrocknete Wurzelteile zu kommen, so sollte man sie unbedingt zu einem Liebesritual verräuchern.

Überhaupt ist der Apfel ein passender Botschafter für jede Art von rituellem Liebeszauber.

Nun wo du die vielfältigen und angenehmen Seiten des Apfels kennen lernen durftest, wollen wir uns aber auch seinem Geschwisterpaar dem Birnbaum zuwenden. Also wollen wir mal hören was wir von und über Piero, der hier die Baumfamilie vertritt erfahren dürfen.

Der Birnbaum

Baum der Vergebung und der Güte

Botschaft

Der Birnbaum steht wie kein anderer für Güte, Gerechtigkeit und die damit verbundene Fähigkeit zur Vergebung in Liebe aus dem reinen Herzen heraus.

Vergebung ist ein so wichtiger Aspekt in vielen Leben. Immer und immer wieder werden wir mit Menschen oder Dingen konfrontiert, die uns vermeintlich nicht gut tun. Diese Begebenheiten hinterlassen tief in uns Einschnitte, Narben, manchmal koppeln wir sogar Unaussprechliches aus unserem Gedächtnis aus und vergraben es tief im Keller unserer Seele.

Doch diese Geschehnisse sie lassen uns nicht ruhen, kommen immer wieder zum Vorschein und oft geben wir die Schuld an diesem oder jenem einem bestimmten Menschen. Unbemerkt laden wir uns selbst damit mehr und mehr Ballast auf. Je öfter wir andere verurteilen und verdammen umso mehr eigene Energie geben wir dort hinein. Und so treffen uns die unangenehmen Dinge des Lebens gleich vielfach und immer wieder kehrend.

Wenn du beginnst zu erkennen, dass du hier auf dieser Erde weilst um bestimmte Erfahrungen zu machen, dass du hier bist und genau dieses Leben erleben möchtest, dann beginnst du auch zu erkennen, dass es kein Gut und Böse gibt. Wenn es aber kein Böse gibt, warum möchtest du dann böse auf andere sein. Warum gibst du ihnen die Verantwortung für Dinge die dir geschehen sind?

Ich weiß, es ist an dieser Stelle vielleicht zu viel verlangt alles Böse in dieser Welt als gut anzunehmen. Aber beginne in kleinen Schritten nur bei dir. Wenn dir dies gelingt, dann fällt es dir plötzlich auch leicht zu sehen, dass der vermeintlich böse Mensch, der dir gerade etwas unsäglich Schlimmes angetan hat „nur" eine Rolle eingenommen hatte, damit du genau diese Erfahrung machen durftest. Vielleicht hast du dich in deinem Seelenplan sogar genau dazu mit ihm verabredet. Und wenn du dies für dich ein Stück weit annehmen kannst, dann kannst du dich auch für die Vorstellung öffnen diesem Menschen leichten Herzens vergeben zu können. Dieser Mensch, diese Seele, dieses liebevolle Wesen, hat die schwere Bürde übernehmen dir etwas „Böses" zu tun, damit du genau diese Erfahrung machen konntest. Versuche einmal diesem oder diesen Menschen zu vergeben und du wirst erfahren, wieviel Ballast du plötzlich selbst abgibst. Du brauchst keine Energien mehr in vergangene Situationen zu geben. Du kannst deine ganze Kraft im Hier und Jetzt und für dein weiteres Leben einsetzen. Vieles wird dir plötzlich so leicht werden.

Ist das nicht eine großartige Verlockung? Du findest deinen Weg in dein selbstbestimmtes Sein und schlüpfst aus der Rolle des Opfers heraus.

Unterstützung für deine Vergebungsarbeit findest du in der Güte und in der Gerechtigkeit des Birnbaums.

Der Birnbaum, er beinhaltet ebenfalls die irdischen Aspekte von Liebe, Sexualität und Fruchtbarkeit, jedoch in männlicher Ausprägung. Er ist damit das passende Gegenstück zum weiblichen Apfelbaum.

In Bezug zum elterlichen Aspekt von Birne und Apfel war es früher Usus zur Geburt eines Kindes einen Birnbaum zu pflanzen. Ein wunderschöner Brauch denn so wird dieses Kind ein Leben lang begleitet durch die gütliche Energie des Baumes.

Diesen schönen Brauch könnte man heute wieder aufnehmen und vielleicht ein wenig anpassen indem man den Birnbaum für einen Sohn und einen Apfelbaum für eine Tochter pflanzt. Die Bäume und die Natur würden es uns sicher allen danken.

Birne und Mythologie

Im deutschsprachigen Raum gibt es das Liebesorakel in der Thomasnacht, dem 21. Dezember. Dabei wirft eine Frau einen Schuh über einen Birnbaum. Bleibt der Schuh im Geäst hängen, dann kommt im neuen Jahr der ersehnte Partner. Analog dazu werfen Männer ihren Schuh über einen Apfelbaum.

Die Griechen weihten der Gottesmutter Hera den Birnbaum. Hera ist die Wächterin über die eheliche Sexualität. Ihr obliegt der Schutz der Ehe und der Geburt. So verbinden sich auch hier der weibliche mit dem männlichen Aspekt, denn Hera steht auch als weibliche Form von Herr.

Birne und Chakren

Wie der Apfelbaum für die weiblichen Aspekte von Sexualität, Fruchtbarkeit und Schöpfung steht, so sind die männlichen Qualitäten des Sakralchakra im Birnbaum wieder zu finden. Hier gilt es die aktiven Fähigkeiten in sein schöpferisches Potential einzubauen.

Seine gütigen Aspekte bringen den Birnbaum weiterhin in Bezug zur Liebesfähigkeit des Herzchakras.

Und gilt es Vergebungsarbeit in Bezug auf die frühkindliche Prägungsphase zu erbringen, so kann die Birne auch ihre helfende Energie für das Wurzelchakra abgeben. Denn hier im Wurzelchakra sind unsere Erfahrungen aus den ersten sieben Lebensjahren abgespeichert.

Birne und Gesundheit

Der Birnbaum ist sehr vielfältig nutzbar und liefert wertvolle Energien für Niere, Leber, Herz und Kreislauf. Verwendet werden können die reifen Früchte ebenso wie Blüten und Knospen. Im rohen Zustand sind die Früchte dabei sehr ballaststoffreich und deshalb besser verdaulich wenn sie gekocht werden.

Räucherungen und Rituale

Das Verräuchern von getrockneten Blüten oder Birnenschalen öffnet jedes Herz für die Güte und Vergebung, die der Birne innewohnt. In einem Vergebungsritual kannst du die Dinge, die dich belasten aufschreiben und in einem Feuer mit den Bestandteilen von Birnen verbrennen.

Channel mit Apfel und Birne

Geliebte Kinder,

wir freuen uns sehr, dass wir in eurer Welt so wunderschöne Namen tragen. Awila und Piero, ja das sind wir. In der Welt der Bäume verbinden wir uns ohne Namen. Jeder von uns hat eine ganz eigene und jeweils andere Schwingung als der andere und so ist immer ganz klar, wer gemeint ist wenn wir miteinander reden. Und ja wir sprechen sehr viel mit uns. Wir wissen, dass einige von euch in der Menschenwelt es für unsinniges Zeug halten, dass wir angeblich miteinander sprechen können.

Aber bist du, seid ihr nicht der Beweis dafür, dass uns von Tag zu Tag mehr und mehr Menschen zu hören vermögen. Und wenn ihr uns hört warum sollten wir dann nicht auch mit uns untereinander sprechen! Die Gespräche mit euch sind für uns Bäume ein großes Geschenk. Es zeigt uns, dass ihr uns als das annehmt was wir sind. Lebewesen mit Empfindungen und Wahrnehmungen.

Wir beide hier spüren oft eure Sorgen und Ängste in Bezug auf euer eigenes Sein, aber vor allem habt ihr sehr viel Angst davor, was andere von euch denken. Was man über euch meint, wie man euch sieht. Ihr habt Angst davor verlassen zu werden, nicht geliebt zu sein, allein zu stehen. Aber ihr seid nie allein. Ihr verliert niemals eure Bindung an euer höchstes Selbst, an eure Seelenfamilie, an die höchste Qualität des Lichtes und der Liebe.

Ihr seid Teil von diesem großen Ganzen und niemals wirklich allein.

Löst euch aus dem Denken, dass ihr immer gut und richtig für andere sein müsst. Seid so gut und richtig wie es für euch stimmig ist. Seid so gut und richtig, dass ihr zunächst mal euch selbst gefallt. Ihr dürft euch als höchste Wesen erkennen und annehmen. Lasst die Liebe zu euch selbst in euren Herzen wieder aufleuchten. Wenn ihr euch selbst mit jeder Faser eures Seins liebt, habt ihr da Zweifel daran, dass auch andere euch lieben werden? Wenn ihr selbst reinste Liebe seid, gebt ihr dies als Botschaft heraus. Als einzige Botschaft. Da ist nach außen kein Zweifel, keine Angst, nur Liebe. Und nach dem geistigen Prinzip der Entsprechung, der Anziehung wie ihr es häufig nennt, wird Liebe, Erfolg und Fülle sich wie ein immerwährender, sprudelnder Segen in eurem Leben vorstellen. Seht die Leichtigkeit, die in euer Leben tritt, wenn ihr euch selbst leicht nehmt, wenn ihr mit Freude die Früchte annehmt, die euch bereitwillig gereicht werden. Verlasst den eindimensionalen Raum. Lasst euch ein auf Liebe und Güte. Werdet eins mit Allem und kommt bei euch an.

Wir zwei hier bieten uns stellvertretend für so viele Energien, Qualitäten und Möglichkeiten des Naturreichs an, euch zu unterstützen. Vertraut auf euch und auf uns, denn Vertrauen heißt Glauben. Glaube an dich und deine innere Stimme aber glaube nicht immer alles was dein Verstand dir als wahr vorgaukelt.

Wir sind bei dir. Wir lieben dich.

So sei es.   Awila und Piero

Fahgul:

Ich finde es schön, dass wir alle zusammen schon ein gutes Stück durch mein Baumreich gereist sind. Ich denke wir sollten uns mal wieder zurück zu unserer Bank begeben und uns dort zwischen all den neuen Freunden niederlassen.

Komm wir genießen die untergehende Sonne, die man noch über den Hügeln sehen kann und lassen mal alles an uns vorbeigleiten was du bisher erlebt hast.

Erstmal durftest du mich kennen lernen und ich habe dich zu dieser Bank geführt. Dann hast du Rahinja und die Pappeln erlebt. Bist dem Eichenkreis und dessen Energien begegnet. Und davor waren wir noch bei den Buchen und du hast die Botschaft von Ko vernehmen dürfen. Und jetzt waren wir gerade bei Awila dem Apfelmädchen und Piero dem Birnbaum.

Ich finde du hast schon eine ganze Menge erleben und erfahren dürfen. Und weißt du uns macht es sehr viel Spaß dich zu begleiten. Dich durch diese Welt zu führen, dir unsere Freunde vorzustellen und dich an unserem Leben und unserem Wissen teilhaben zu lassen. Da wächst in mir bereits die Vorfreude auf noch mehr Freunde.

Aber nun lass uns gemeinsam diesen schönen Sonnenuntergang genießen. Und schau wie sich auch alle deine neuen Freunde der Sonne zuwenden. Dieser unerschöpflichen Kraftquelle, die doch so wichtig für uns Bäume, wie für alles Leben auf diesem Planeten ist.

Und nun sieh wie die Sonne sich mehr und mehr dem westlichen Horizont zuneigt. Wie sich auch hier Himmel und Erde vereinen.

Kindheitserinnerungen

Weißt du, bevor wir uns den nächsten Baumfreunden und weiteren Erzählungen und Erfahrungen zuwenden, möchte ich dich einladen auf eine Reise in deine eigene Kindheit. Entsinnst du dich noch an all die schönen Zeiten, die wir damals miteinander verbracht haben.

Erinnerst du dich an die Schaukel, die am Ast eines meiner Freunde hing. Erinnerst du dich, wie du mit Spielkameraden in den Bäumen herumgeklettert bist. Hoch hinauf bis in die Krone hast du dich geschwungen. Ohne Angst nur in kindlicher Erwartung darauf den Himmel zu erklimmen. Vielleicht hast du sogar ein Baumhaus bauen dürfen.

Oder weißt du noch wie schön es war mit geliebten Menschen zusammen durch den herbstlichen Wald zu laufen. Das Rascheln der Blätter unter deinen Füßen zu genießen. Das Sammeln und Sortieren von Blättern und Früchten. Was habt ihr nicht alles aus uns gebastelt.

Spürst du noch die Stille des verschneiten Winterwaldes in dir. Erinnere dich wie leicht und spielerisch alles war. Wie sehr du im Herzen und in der Liebe zu dir und zur Natur warst.

Was ist dann nur passiert, dass all diese überschäumende Lust an der Leichtigkeit verloren ging?

Das „wirkliche" Leben mit all seinen Rahmen, gesellschaftlichen Vorgaben, sozialen Angepasst-heiten traf auf dein Leben. Schau mal zurück, begann nicht vieles davon bereits in deinen jüngsten Jahren. Im Kindergarten oder in der Schule. Du solltest dies tun und das lassen. Auf dich aufpassen, nicht dazwischen reden wenn Erwachsene sich unterhalten ja und besonders: Sei nicht so kindisch, träum nicht so viel vor dich hin. Engel, Feen, Naturwesen dies sind doch alles Hirngespinste!

Dann begann deine weitere Ausbildung, dein Studium, deine Karriere, Mann oder Frau, Familie, Kinder. Und all die schönen Anlagen die in dir waren wurden mehr und mehr zugedeckt, zugeschüttet mit all dem Ballast und der Realität des „echten" Lebens.

Ehe du dich versahst warst du tief und fest eingebunden in die alltäglichen Verpflichtungen und Aufgaben. Oft wuchsen daraus dann Sorgen, Ängste, gesundheitliche Probleme und weitere Herausforderungen. Du hattest dir dein eigenes Hamsterrad erschaffen.

War da noch Zeit für die Natur, die Bäume und all die lichten Wesen, die du als Kind doch immer und überall gesehen hast? Was ist aus dieser Kindheit geworden? Wollen wir sie suchen gehen?

Aber nun komm begleite mich weiter, auf dass wir das Kind in dir und seine Freude und Leichtigkeit wieder entdecken mögen.

Heute möchte ich dich zu einem Baum führen, der wie kein anderer das Prinzip der Leichtigkeit in sich trägt.

Sieh wie sich am südlichen Horizont eine Baumgruppe erhebt. Ihre Stämme leuchten bereits im Licht der Sonne. Die Sonne, die dieser Baum im Herzen trägt. Ich spreche von der Birke.

Die Birke

Baum der Leichtigkeit

Die Birke ist der Baum der spielerischen Fantasie, die leicht und kreativ neue Dinge erschließt und annimmt. Sie steht deshalb wie kein anderer Baum für Neuanfang mit Leichtigkeit.

Botschaft und Mythologie

Der Name Birke leitet sich ab aus dem germanischen und bedeutet in der Urform so viel wie „glänzend, leuchtend, hell". Schau nur zurück, wie sehr sich das Licht der Sonne in den Rinden der Birkengruppe gespiegelt hatte.

Die lichthafte Birke ist der Baum der Licht- und Frühlingsgöttin Brigid, die im keltischen und besonders im irischen Raum den Namen Brigantia trägt.

Die Brigid erscheint im Frühling als junges Mädchen ganz in weiß und hellgrün gekleidet. Hier ist sie das leichte und verspielte Kind. Gerade und deshalb sprechen viele von uns diese frühlingshaften Farben und Gerüche so sehr an. Sie erinnern uns tief in unserem Herzen an die unbeschwerte Jugend und Kinderzeit als wir oft noch offenen und sehenden Herzens durch die Welt liefen. Diese Welt, die wir häufig liebevoll, phantastisch und freudig erleben durften. Hier finden sich die Wurzeln unserer unbeschwerten und freien Kindheit, als wir noch sehr mit unserer Quelle des Lichtes verbunden waren. Als die Erinnerung in uns von Ursprung und Sinn unseres Lebens ganz deutlich vor unseren Augen stand. Als wir noch wussten was wir uns im Kreis unserer Seelenfamilie für dieses Leben in unseren Seelenplan geschrieben hatten.

Im Sommer dann wächst die reife Frau heran. In ihrem Kleid trägt sie nun gelbe und später leuchtend kupferfarbene und rote Töne. Gelb die Farbe der Leichtigkeit und Rot die Farbe der Kraft. Sie lebt ihre Leichtigkeit mit der ganzen Kraft aus, die ihr zur Verfügung steht. Hier in dieser Lebensphase steht sie auch wieder für die heranreifende Fruchtbarkeit.

Im Alter dann wird die Birke und mit ihr die Göttin des Frühlings zur weisen, alten Frau des Waldes. Jetzt im gestandenen Alter ist sie die liebevolle, begleitende und beschützende Behüterin. Sie gibt nun gern all ihr Wissen und ihre Geborgenheit weiter an uns.

Hier lässt sich wunderschön der Kreislauf des Lebens vom Erwachen bis hin zum Tod und der Wiedergeburt nachzeichnen. Im Alter des Winters verliert die Birke ihre Blätter, die sich bereits am Baum und später auf dem Boden zunächst in ein dunkles Braun und dann im weiteren Verlauf in schwarz verwandeln. Schwarz versinnbildlicht hier die Farbe des Todes am Ende dieses Zyklus.

Doch der Stamm des Baumes er spiegelt auch über die dunkle Jahreszeit hinweg das leuchtende Weiß der immer jungen Göttin, die aus dem Dunkel wieder ins Licht des Frühjahrs hinaustritt. Die Birke ist dann eine der ersten Bäume, die uns wieder ihr frisches Laub zeigt und ist damit eine der

Frühjahrsbotinnen. All die anderen Bäume folgen ihr dann leicht und beschwingt ins neue Pflanzjahr.

Weiß, rot und schwarz sind die Farben der Weißen Göttin Brigid, wie wir sie in vielen Kulturen und Lebensgemeinschaften finden.

Auch im Tierreich gibt es einige Arten, die in einem sehr engen Bezug zur weißen Göttin stehen. Es sind dies beispielsweise Storch, Schwan und Marienkäfer alle enthalten die Farben Weiß, Rot, Schwarz. Und sie alle stehen in unserer Wahrnehmung für Liebe, für Freude, für Glück und mithin für Leichtigkeit.

In der Leichtigkeit mit der wir aufgefordert werden wieder durchs Leben zu gehen ist natürlich auch der Aspekt des Neuanfangs begründet. Wenn uns etwas leicht fällt, so sind wir auch eher geneigt Dinge unvoreingenommen und ohne Scheu neu zu beginnen.

Und hier sind ganz handfeste irdische Dinge gemeint. Vielleicht steht eine Veränderung im Leben an, ein Umzug, eine berufliche Neu- oder Umorientierung. Das Wagnis einzugehen, sich auf einen Partner einzulassen, vielleicht auch jemand zu verlassen um Raum für Neues zu schaffen. Sich in der Liebe zu sich selbst, von Altem trennen um Neues zu zulassen.

Bereits bei der Eiche haben wir erläutert, dass man die Kraft dieses Baumes nutzen darf um sie mit anderen zu kombinieren. Ebenfalls bietet es sich bei der Birke an ihre Leichtigkeit, ihre Lebensfreude mit anderen Qualitäten zu paaren.

Für den Neuanfang nach einem Vergebungsritual bietet sich hier beispielsweise eine Energieverschmelzung mit der Birne an.

Die Birke und die Chakren

Die Birke mit ihren Aussagen zur Leichtigkeit, verbunden mit ihrer Liebe der Fruchtbarkeit und der Offenheit für Neues hat einen klaren Bezug zu unseren Emotionen und somit zum Solar Plexus aber auch zum Sakralchakra.

Fehlt es dir an Lebensfreude und Leichtigkeit, so lass die Energien der Birke direkt in dein zweites und drittes Chakra einströmen. Es wird dir helfen die Lasten des Lebens aus ihrer Schwere zu lösen. Deine emotionalen Kanäle können gereinigt werden und du kannst dir und deinen Gefühlen einen kreativen Neustart erlauben.

Räucherungen und Rituale

Lass einmal, nachdem du dich geistig mit der Birke verbunden hast, Rinde, getrocknete Blätter oder herabgefallene dünne Äste verglimmen und führe dich selbst durch den Duft auf neue leichte Pfade.

Die Birke steht daneben für viele Fruchtbarkeitsriten. Brigid haucht der Natur ihre Fruchtbarkeit ein. Noch heute schmücken junge Männer in Abwandlung des Maibaums das Haus ihrer Liebsten mit Birkenzweigen.

Channel mit der Birke

Zu Beginn des Channels sehe ich eine Gruppe von drei Birken die schlank und hochgewachsen neben einem wogenden goldgelben Rapsfeld stehen.

Geliebter Freund,

es ist eine Ehre, dass du deinen geistigen Weg hier zu uns gesucht hast.

Wir warten schon seit geraumer Zeit auf dich, denn deine Ankunft wurde uns von unseren Freunden und Mitbewohnern bereits angekündigt. Dein Ruf schwingt dir voraus.

Hier den Platz neben dem goldenen Feld haben wir gewählt um die Botschaft der uns innewohnenden Energie fließen zu lassen.

Leicht fällt es uns den Kontakt mit dir wahrzunehmen. Ebenso leicht darf es allen gehen die hören wollen und wenn sie mit uns sprechen möchten.

Dich lieber Uli haben wir nun schon häufig treffen und sprechen dürfen. Es ist uns immer wieder eine große Freude.

Gern vermitteln wir hier den anderen interessierten Menschen was wir zu erklären haben.

Geliebte Menschenfreunde, wir nehmen unser Leben leicht.

Doch wir anerkennen und sehen welche Last viele von euch zu tragen haben. Doch ist euch bewusst, dass ihr euch all diese Lasten selbst auferlegt habt. Vieles bringt ihr schon aus alten Leben mit, tragt es bei euch wie alte Gepäckstücke oder wie Kleidung die euch mehr und mehr beengt, euch erdrückt, euch niederdrückt. Es ist an euch diese Lasten abzulegen.

Es geht nicht so einfach hören wir immer wieder viele von euch sagen. Ich kann dies oder das nicht lassen. Ich brauche jenes für mein Leben. Doch werdet euch bewusst, wie abhängig ihr euch von Menschen und Dingen macht, wieviel Macht ihr ihnen damit übergebt. Wieviel eures eigenen freien Willens schnürt ihr selbst ein. Der freie Wille, dieses so unschätzbar hohe Gut, ihr engt es ein und beschränkt euch damit immer weiter in eurer eigenen Entfaltung. So lange, bis ihr euch soweit eingeschnürt habt, dass ihr bewegungslos wie das Kaninchen vor der Schlange sitzt. Ihr habt diese Schlange selbst geschaffen. Und selbstverständlich das Kaninchen auch.

Lasst los was euch beschränkt, gebt ab was euch bedrängt. Wandelt euer Leben und lebt das was es euch leicht und schön macht. Kommt in eure ganz eigene Leichtigkeit. Werdet euch über eure ganz eigenen Wünsche klar. Lebt nur das was euch voran bringt und euch Freude bereitet. Das Leben es ist im irdischen viel zu kurz, als dass ihr den Ballast lebt.

Sucht unsere Energie und tretet in den direkten Kontakt mit uns ein. Wir werden euch helfen euren Weg der Leichtigkeit immer klarer zu erkennen und zu gehen.

Beginnt noch heute damit, in kleinen Schritten, Beschwerliches abzulegen, damit Raum für die Leichtigkeit entsteht. Lasst dann die Schritte größer und größer werden. Lasst mehr und mehr Gepäck aus diesem und anderen Leben zurück. Schaut genau hin, denn wir senden euch immer und immer wieder Signale und Bilder, die euch erkennen lassen, was euch belastet. Schaut auf unsere

*Bilder und hört auf die Stimmen. Ihr dürft diese Chancen
annehmen und für euch in eurem Leben nutzen.*

*Macht euch frei und beschenkt euch mit der Leichtigkeit
des Loslassens. Fangt an euer Leben zu gestalten. Es ist
euer Leben.*

Beginnt noch heute!

So sei es.

Gamill, Leha und Sergal, die Birken der Weißen Göttin

Fahgul:

Lass auch hier wieder die Worte der Botschaften in dir
nachklingen. Schaut nach was dies mit dir und deinem Leben zu
tun hat. Du musst niemand Rechenschaft ablegen außer dir
selbst. Aber bitte seit ehrlich mit dir, deine Seele kennt die
Wahrheit. Wem oder was willst du also etwas vorgaukeln?

Vielleicht hilft dir bei der Betrachtung das folgende meditative
Einschwingen.

Meditative Übung

Geh in deine ganz eigene Ruhe und Stille.

Es ist dabei wichtig die gelesenen Nachrichten tief in sich hinein wirken zu lassen. Sie mit dem eigenen Leben abzugleichen und dann die richtigen Schlüsse daraus zu ziehen.

Um hier im Bild des Loslassens in Leichtigkeit zu bleiben: Schau in deinem Leben nach, was dich schon lange bedrängt, was dich blockiert, was dich wirklich daran hindert in deine Freude zu kommen. Und dann beginne damit dein Leben in kleinen Schritten zu verändern. Und dann tue das, was du dir vorgenommen hast. Nimm erst kleine Hügel und dann mit fortschreitender Freude und gewinnender Stärke suchst du dir eine Herausforderung nach der anderen heraus um sie in deinem Sinne zu meistern.

Hier ist es dein Wille, der geschehe. Du entscheidest was du möchtest. Du bist der Schöpfer und du bist der Umsetzer deines Lebens. Du trägst die Verantwortung für dein Tun. Zu jeder Zeit und an jedem Ort.

Und so hast du auch die ganz freie Entscheidung jetzt in diesem Moment die Leichtigkeit in dein Leben herein zu lassen. Wir alle werden dich begleiten und unterstützen.

Sage dir: Ich lasse Liebe, Freude und Leichtigkeit in mein Leben einziehen.

Wie du es gewohnt bist begleite ich dich zunächst jedoch zurück zu deiner Bank.

Komme immer wieder geistig hier an. Bedenke diese Bank sie ist dein Ruhepol. Ist immer wieder Beginn und Ziel deiner Reise.

Und aufs Neue darfst du nach jeder Rückkehr wahrnehmen, wie sich das Umfeld der Bank verändert. Mit jedem Schritt den du tust veränderst auch du dich. Und deine Veränderung bewirkt eine Wandlung deiner Umwelt. Mach dir deine Veränderungen bewusst. Schau was sich im Positiven für dich ändert. Nimm es voller Freude auf.

Und wo wir gerade noch bei der Birke und der Herausforderung des Loslassens waren, dürfen wir uns nun wieder dem nächsten der Bäume zuwenden. Wie du sicher schon ahnst gibt es auch hier eine Meisterin ihres Faches.

Lärche

Flexibilität und Loslassen

Botschaften

Die Lärche gehört zur Gattung der Nadelbäume. Während jedoch Tanne und Fichte ihre Nadeln auch über den Winter tragen, wirft die Lärche ihre langen und zartgliedrigen Nadeln ab. Sie befreit sich von allem „Ballast" um ihre Energien auszurichten auf das Neue was ins Leben einströmen möchte.

Auch an ihr erkennt man im Schmuck den Lauf des Jahreskreises und damit des Lebens. Trägt sie im Frühjahr die grüne frische Farbe der jungen Triebe, so schmückt sie sich im Anschluss mit ihren wunderschönen hellroten Früchten um dann im Herbst wiederum ihr Farbspiel zu verändern hin zum leuchtend gelben „Indian Summer". Es ist ein wundervolles Bild die orangeleuchtenden Bäume an einem kalten Herbsttag in herrlicher Symbiose zu einem strahlendblauen Himmel zu sehen. Farblich gesehen fließen hier die Energien der Emotionen, der Willenskraft und der Klarheit zusammen und in dich hinein.

Oder um beim Loslassen zu verweilen, du vermagst klar und deutlich zu erkennen, was dich behindert und es fällt dir leicht dies loszulassen. Die Klarheit ist fast immer da, denn wir alle hören tief in uns die Stimmen, die uns genau sagen, was „richtig" und was „falsch" ist. Nur diesen unnützen Ballast dann auch wirklich loszulassen, daran hindert uns die Angst. Die Angst vor dem was kommt, die Angst zu wenig zu haben, die Angst allein zu sein.

Aber gerade hier bedarf es unserer eigenen ganz großen Liebe, der absoluten Eigenliebe um zu erkennen und zuzulassen, wie stark wir sind. Dass wir die Angst überwinden können, dass sich hinter dieser dunklen Wand etwas Neues, Schönes befindet. Lüfte den Schleier der Angst und schau was dir die Liebe in deinem weiteren gewandelten Leben zu bieten in der Lage ist.

Durch ihre tiefen Wurzeln, ihren schlanken Wuchs und die relativ kleine Krone ist die Lärche sehr flexibel und wenig windanfällig. Sie widersteht mit aller liebevollen Anpassungsfähigkeit den Unbilden des Lebens.

Löse auch du dich aus deinen verkrusteten Strukturen. Sieh und erkenne an, dass sie dir nicht gut tun. Dass sie dir nur eine vermeintliche Scheinsicherheit bieten und dich doch in Wirklichkeit von Tag zu Tag mehr einengen, bis du völlig bewegungslos im grauen Einerlei erstarrt bist.

Nimm für dich die Flexibilität der Lärche an. Lass diese Qualität in dein Leben und schau wie sehr du beschenkt wirst. Lass Altes hinter dir und stelle dich ganz liebevoll ein auf das was kommt: Ein Füllhorn kann über dir ausgeschüttet werden.

Beachte den Punkt der Flexibilität jedoch auch noch in einem anderen Zusammenhang. Beginne für dich zu erkunden, wo in deinem Leben Bereiche sind, die du nicht oder nur mit sehr großem Aufwand verändern kannst. Dann frage dich ob hier letztendlich der Lohn größer ist als die Mühe. In diesen Bereichen darfst du so beweglich sein, dass du diese für den Moment annimmst und zwar ohne nun weitere Energien hier hinein zu geben. Setze keine Kraft ein um dich gegen Dinge zu wenden, auf die du aktuell keinen wirklichen Einfluss hast.

Setze vielmehr diese ganz aufgesparte Kraft und Energie ein, um dich zielgerichtet mit den Lebensumständen auseinander zu setzen, die du ganz direkt und unmittelbar beeinflussen kannst. Lass wieder den Gedanken zu: Ich bin der Erschaffer meines ganz eigenen Lebens.

Wenn es dir gelingt, dich auf diese Lebensumstände zu konzentrieren, wirst du bald erkennen können, dass du tatsächlich in der Lage bist Dinge loszulassen, mithin klare Änderungen in deinem Leben vorzunehmen. Und dir wird bewusst: Ich ganz allein habe dies geschafft. Ich bin stark und mutig genug mein Leben anzugehen und zu meistern. Dies wird dir Zuversicht und noch mehr Stärke geben. So darfst du dich dann weiter auf deinem Pfad voran bewegen und dich an die nächsten Themen mit dieser Stärke im Rücken herantrauen.

Lärche und Heiltätigkeit

Denen unter euch, die schon länger auf dem Weg sind und vielleicht selbst anderen Menschen beratend oder heilend zur Seite stehen schenkt die Lärche noch eine ganz eigene Qualität.

Begleitung und Betreuung als ihr Lebensprinzip betrachtend können sich diese Menschen zusätzlich unterstützen lassen. Hier ist es eine Hilfe auf einer anderen Ebene. Die Lärche ist der Baum der weisen Frauen und unterstützt gerade dadurch in der heutigen Zeit die neuen Heiler und Heilerinnen in ihrem Tun. Nehmt euch hier die Kraft für eure Arbeit.

Holt euch Rat und Unterstützung bei der Hilfe für andere aber auch wenn ihr von eurem Tun und eurem Weg müde und energielos seid. Stärkt dann eure eigenen Wurzeln und nehmt Teil am heilenden Wissen dieser Energiespender. Gerade Menschen, die spirituell geistig Heilen, dürfen auf sich selbst sehr aufpassen und mit ihren Ressourcen und Fähigkeiten besonders achtsam umgehen.

Ganz getreu dem Motto: „Der heile Heiler heilt".

Die Lärche und die Chakren

Für euch Heiler der neuen Zeit gilt ebenso wie für jeden anderen, dass die Lärche als Tiefwurzler fest und sicher in der Erde steht. Sie steht hier in direktem Bezug zum Wurzelchakra. Stehe stark im Boden und habe die Kraft dein Leben auf diesem sicheren Fundament neu auszurichten.

Die Lärche hilft die eigenen Muster und Emotionen anzuschauen um dann die eigene Persönlichkeit zu erkennen und anzunehmen. Sie hat damit eine starke Bedeutung für das dritte Chakra, den Solar Plexus. Ihr rötliches Holz verweist hier auf das Element Feuer mit seiner wandelnden Kraft in der Veränderung.

Und sie unterstützt dich dabei deine eigenen Wahrheiten, so du sie erkannt hast, liebevoll auszusprechen, um deinen Willen klar zu zeigen. Hier gibt es die Verbindung zum Halschakra, welches für Kommunikation steht.

Räucherungen und Rituale

Zur weiteren Unterstützung kannst du hier Lärchenharz, Nadeln, getrockneter Rinde oder Holz verräuchern. Dies erleichtert dir deine innere Einkehr hin zum Verständnis von Festhalten und Loslassen.

Channel mit der Lärche

Geliebtes Wesen

Ich freue mich, dass auch ich bei dieser Aufgabe unterstützen darf. Gerne möchte ich noch einige Überlegungen zu diesem mir innenwohnenden Thema des Loslassens hinzufügen.

Bitte bedenke, wenn immer du in deinem Leben die Möglichkeit hast dich von etwas zu lösen, was dich aufhält und blockiert, tue dies in der Liebe zu dir. Dies darf dein Antrieb sein. Horche tief in dich hinein und wenn du dort ein lautes Ja hörst, so ist es an der Zeit die Umstände gehen zu lassen.

Sei gewahr, was immer du gehen lassen möchtest, seien es Dinge, Menschen, Lebensumstände, irdische oder spirituelle Themen, sende ihnen deine Liebe hinterher. All diese vermeintlich schlechten Umstände, all diese Wirkungen hatten einen gewichtigen und notwendigen Platz in deinem Leben. Sie waren bei dir um dich zu begleiten, dich wachsen zu lassen und dir Möglichkeiten aufzuzeigen. Sie waren bei dir um deinen Weg der Seele zu offenbaren. Alle Aspekte in deinem Leben dienen der Aufgabe dich bei der Ausführung deines Seelenplans zu unterstützen.

Danke dem was geht, dass es Teil deines Lebens war. Danke dafür, dass es nun seine Aufgabe erfüllt hat und nicht mehr Bestandteil deines Lebens sein muss. Schaue nicht mit Groll auf das was geht, denn dann bleibt es weiterhin ein verborgener Teil tief in dir. Wenn du diesen wichtigen Gedanken des Loslassens für dich angenommen und ausgeführt hast, dann erkenne etwas, was mindestens genauso wichtig für dich ist.

Das Gehen eines Aspekts, eines Menschen, eines Themas lässt zunächst nach den geistigen Gesetzen des Ausgleichs eine Leere ein Vakuum entstehen. Beginne nach dem Loslassen ganz bewusst diesen Freiraum deines Lebens zu füllen. Bereichere dich nun selbst in dem du hier Dinge einfließen lassen darfst, die dir dein Leben verschönern. Erfülle dir Wünsche und tue Dinge, die du schon immer tun wolltest. Fülle diese Leere mit Positivem an. Vielleicht magst du schöne Musik, einen guten Duft, eine feine Schwingung in dein Leben ziehen. Gespräche mit Menschen die dir gut tun, ein gutes Essen oder auch mal ein anderer irdischer Genuss mögen dir für den Beginn genügen.

Lass etwas Schönes, Neues Einzug halten in dem was dich ausmacht. Du wirst es dir selbst danken. So bekommt die vermeintliche Bitterkeit des Loslassens einen erfüllenden, fördernden Geschmack der dich freudig in deinem nächsten Lebensabschnitt begrüßt.

Sei dir wieder und wieder darüber bewusst, dass du ganz allein bestimmst, wer und was in deinem Leben Wichtigkeit bekommt.

Ich und meine weisen Freunde begleiten dich und wann immer du es möchtest sind wir gerne an deiner Seite.

So sei es

Exylia die weise Frau

Fahgul

Komm lass uns zurückgehen zur Bank. Dort möchte ich dir heute etwas zu einem ganz bedeutendem Wesen des Waldes erzählen. Ich habe dir zu Anfang des Buches erklärt, dass wir Bäume ebenfalls Naturwesen sind. Wir leben in Koexistenz mit vielen anderen lichtvollen Bewohnern des Waldes. Alle, vom vermeintlich kleinsten, bis zum größten Naturwesen leben wir dabei in friedlicher Harmonie. Doch braucht es für einige Aufgaben Wesen, die für uns alle tätig sind. Solche Wesen sind auch die Devas des Waldes. Von ihnen wirst du nun hören.

Deva des Waldes

Viele Bäume durftest du bereits kennen lernen und nun möchte ich dich vertraut machen mit einer liebevollen Freundin, der Deva des Waldes. Sie spielt hier im Wald eine ganz entscheidende Rolle. Sie ist die Hüterin und Bewahrerin der Ereignisse in diesem Wald, hier an diesem Ort. Überall in deiner Umgebung gibt es Devas des Waldes oder des Ortes. Sie sind mal für einen kleinen mal für einen größeren örtlichen Bereich verantwortlich.

Devas nehmen eine besondere Rolle ein. Sie sind Teil des unsichtbaren Ätherreichs. Dieses fünfte Element, welches für den Zusammenhalt aller anderen Elemente so wichtig ist. Der Äther, es ist der „Klebstoff" des Lebens.

Der Begriff Deva stammt aus dem Sanskrit und steht für Glanz, Schein, kosmisches Licht. Wir haben für die Devas des Waldes noch einen anderen Namen. In menschliche Sprache übersetzt würde es in etwa sowas bedeuten wie: Die uralten Lichtgestalten der Welt.

Eine Deva ist geschlechtsneutral und sie existiert in jedem Wesen. Also es gibt die Deva der Rose, des Ahorns, des Kieselsteins, des Wassertropfens, des feurigen Funkens und so fort. Vielleicht stellst du es dir am einfachsten so vor wie der Geist jedes einzelnen Wesens.

Devas sind die Engel der Natur. Sie sind die Wächter die darauf achten, dass alles nach dem göttlichen Plan geschieht. Die Deva eines einzelnen Naturwesens nimmt das Licht entgegen und leitet es in die Aura. Ohne sie kann kein Wesen existieren.

Die Deva des Ortes steht nach menschlichen Vorstellungen über den anderen Naturwesen. Dies ist aber tatsächlich eine rein menschliche Wahrnehmung. In unserer Welt spielen sie eine Rolle für alle anderen Naturwesen, sie stehen nicht über den anderen und entscheiden auch nicht für sie.

Die Deva des Ortes ist für einen größeren örtlichen Landabschnitt „zuständig" und betreut diesen. Sie konzentriert das göttliche Licht an dem Ort, sie nimmt es auf und verteilt es an alle dort lebenden Wesen. Sie ist zudem als Hüter des Ortes und des Lichtes für die Aufzeichnung der Ereignisse an einem Ort verantwortlich. Die Devas des Ortes sind das Gedächtnis dieses Stücks Natur.

Dieser Aspekt bekommt ganz besondere Bedeutung, wenn du in der Lage bist dich mit der Aura dieser Naturwesen zu verbinden. Im Gedächtnis der Deva des jeweiligen Platzes sind alle Ereignisse dieses Ortes und aller dort jemals anwesend gewesenen Lebensformen abgelegt. Über dieses Gedächtnis können Informationen über örtliche Umstände eingeholt werden. Das Erlernen dieser Fähigkeiten würde jedoch den Rahmen dieses Buches verlassen. Vielleicht darfst du irgendwann etwas mehr dazu erfahren und erlernen.

Für uns Bäume ist die Deva des Ortes wichtig, weil sie wie du gelesen hast, das göttliche Licht an uns alle verteilt. Wir können direkt miteinander und mit anderen Bäumen sprechen, können dies aber auch mit und über die Deva tun. Sie ist sozusagen der Dreh- und Angelpunkt für jeden von uns.

Solltest du bei einem Besuch im Wald das Gefühl bekommen, dass du von einer starken aber ganz liebevollen Energie berührt wirst oder sie dich einhüllt, dann hast du das Glück, in einen Kontakt mit einer solchen Deva des Waldes gekommen zu sein. Sie hat dann eben mal vorbei geschaut, wer sie und die anderen Naturwesen im Wald besucht. Wenn sie dich berührt, dann gefällt ihr deine Energie und sie macht sich auf diese Weise bemerkbar um ihr Wohlwollen zu signalisieren.

Devas sind wundervoll durchflutete und erleuchtete Wesen und vermögen es mit ihren Energien auch die Liebe und das Licht an dich weiterzugeben. Nimm liebevoll an was dir geschenkt wird.

Eine Baumfamilie die besonders für das Verteilen des Lichtes bereit ist, wirst du nun kennenlernen.

Fichte

Das Licht in dir

Botschaft

Als Baumwesen tragen die Fichten dieses Licht zu uns. Und so möchten wir dich nun begleiten hin zu einem Fichtenwald. Komm mit und nimm wahr, wie sich dir der Wald der Fichten als eine Kathedrale der Natur zeigt. Die hochgewachsenen geraden Stämme die in den Himmel zu wachsen scheinen wirken wie die Säulen eines sakralen Gewölbes. Das geschlossene Dach der ausladenden Äste, welche sich wie ein Schirm ausbreiten schließt sich diesem Gedanken an. Dennoch strömt bis tief hinunter auf den Boden das göttliche, wie das irdische Licht. Gerade hier, wo es oft dunkel und düster erscheint nimmt das Licht eine besondere Rolle ein. Genau hier an diesem Ort wird es uns deutlich sichtbar.

Lass dir zu der Kraft dieses Lichtes berichten.

Fahgul

Die Fichte ist der Träger des Lichtes in der Welt und in uns. Sie trägt das immerwährende und unvergängliche Licht durch die dunkle Zeit. Nutze die Energien der Fichte, wenn du Licht in dein Leben bringen möchtest.

Die Fichte sie erinnert uns an das Licht welches tief in uns ist, an das Helle und die Herrlichkeit welche wir sind. Denn am Anfang war alles Licht. Du warst reines Licht und bewegtest dich an der Quelle von allem. Du warst strahlender Teil des All-Eins-Seins.

Erinnerst du dich an die Geschichte aus dem Paradies als Adam und Eva vom Baum der Erkenntnis naschten. Sie waren Licht im Paradiesgarten und mit ihrer Entscheidung hin zur Dualität der Dinge trafen sie auch die Entscheidung aus dem Licht heraus in den Schatten zu treten. Denn wo Licht ist, ist auch Schatten. Hier diente das Heraustreten dazu, bewusst im Dunkeln dieses Licht zu erkennen.

Wir möchten dir dies hier etwas eingehender erläutern. Wenn du reines, klares, unberührtes Licht bist und um mich herum ist ebenfalls nur Licht, dann fällt es dir schwer dich und dein eigenes Licht zu erkennen. Indem du dich bewusst jedoch in die Dunkelheit, in das Reich deiner eigenen Schatten begibst, vermagst du erst zu erkennen, wie hell und stark dein eigenes Licht ist. Nur in einer dunklen Höhle vermag der Schein deines Lichtes den Raum zum Erstrahlen zu bringen.

Leider vergessen wir oft, dass wir dieses Licht in uns tragen, dieses Licht welches niemals, unter keinen Umständen erlischt. Es ist das Licht unserer unsterblichen Seele. Es ist unser Funken Gottes.

Gerade in schwierigen Zeiten ist es deshalb angeraten sich an sein Licht zu erinnern. Auch daran, dass es für unsere Seele wichtig und gewünscht ist die schattenhaften Seiten zu sehen um sie mit unserem Licht zu durchdringen. Denn die Seele für sie ist es wichtig jede Erfahrung zu machen. Sie wertet nicht nach menschlichen Maßstäben. Jede Erfahrung bringt sie weiter auf ihrem Weg. Dies ist für uns Menschen oft schwer zu verstehen, gerade wenn man all das Unheil und Gräuel auf dieser Welt sieht. Doch von einer höheren Warte aus betrachtet erscheinen Verläufe und Handlungen häufig anders. Sie sind Teil unseres Seelenplans und Bausteine unserer Entwicklung. Ursache und Wirkung von Lebensverläufen stellen sich bei einer kosmischen Betrachtung vielfach als durchaus sinnvoll ja geradezu genial heraus. Nur aus unserer eingeschränkten Sichtweise erscheinen die Dinge manchmal unsinnig oder falsch.

Doch Licht und Schatten gehören nach dem geistigen Prinzip der Polarität untrennbar zusammen. Und kennt nicht jeder von euch Gelegenheiten, die einem zunächst schwer, freudlos oder beklagenswert erscheinen, sich dann zu einem späteren Zeitpunkt jedoch als wertvoll für den eigenen Weg erwiesen haben. Bringen uns nicht gerade vermeintliche Schicksalsschläge dazu, uns neu zu orientieren und schaffen damit Möglichkeiten zur Veränderung und zum Neuanfang.

Das Wissen um das Licht in uns führt uns dann gerade in diesen schweren Zeiten unbeirrt aus dem Tunnel der Dunkelheit zurück ins Licht. Das oft beschworene Licht am Ende des Tunnels es wartet nur darauf, dass du es erreichst.

Auch bei Bäumen kann man beobachten, dass sie eine Licht und eine Schattenseite haben. Die Schattenseite ist dabei meist von Moos bewachsen. Aber diese liebevollen Naturwesen, sie nehmen diese, ihre Schattenseiten an. Sie sind Teil von ihnen. Nimm auch du deinen Schatten an, er gehört zu dir. Behandle ihn genauso liebevoll, achtsam und mit allem Respekt wie deine „grüne" Seite.

Zur Abgrenzung sei hier noch erwähnt, dass Fichten, Tannen und Kiefern vielfach miteinander verwechselt werden. Während die Fichte jedoch die Qualität des Lichtes in sich trägt, unterstützt dich die Tanne mit ihrem Mut und ihrer Stärke und die Kiefer gibt dir die Geduld deine Wege zu Ende zu gehen.

Fichten und Tannen kann man im Übrigen am besten auseinander halten, wenn man ihre Nadeln anfasst. Fichtennadeln sind spitz, während die Nadeln von Tannen abgerundet sind und nicht pieken.

Fichte und Mythologie

Die Fichte bringt in der dunklen Jahreszeit das Licht in unser Leben und als Weihnachtsbaum bis in unsere Wohnzimmer. Nach dem Glauben unserer Ahnen beschützten und hüteten diese Bäume das Licht über den Winter, damit es dann neu aufkeimen konnte. Es symbolisierte den Kreislauf von dunkler und heller Jahreszeit.

Als Vorläufer des Weihnachtsbaums holte man früher Fichtenwipfel ins Haus und segnete diese der Frau Percht, der Wintergöttin unserer Ahnen, deren besondere Zeit die Raunächte rund um Weihnacht war.

Der Maibaum unserer Zeit war ursprünglich eine Fichte. Der gerade hochgewachsene Stamm symbolisierte phallusartig das männliche. Auch wenn heute oft Birkenstämme Verwendung finden, so befindet sich traditionell an seiner Spitze noch immer ein Kranz aus Fichtenzweigen, welcher das weibliche darstellt. Als Fichtenmaibaum stand er stellvertretend für die Irminsul, dem Weltenbaum der germanischen Heiligen Haine.

Die Fichte und die Chakren

Die Fichte bringt Licht und Klarheit in unser Leben. Dies verhilft uns häufig zu einer besseren Sicht und einem guten Durchblick. Wir sehen und verstehen die Dinge um uns herum. In einer vertiefenden Sicht sind dies die Fähigkeiten des Hellsehens und Hellfühlens und so lässt sich die Fichte dem Dritten Auge zuordnen.

Dieses Chakra, welches sich hinter unserer Stirn in der Mitte des Kopfes befindet unterstützt bei hellsichtigen und intuitiven Wahrnehmungen.

Die Fichte und deine Gesundheit

Paracelsus, Hildegard von Bingen und bereits griechische Ärzte der Antike, wie Hippokrates nutzten die Nadeln und das Harz der Fichte zur Behandlung von Gicht, Rheuma und Erkältungskrankheiten. Diese Traditionen haben sich bis in unsere heutige Zeit erhalten und finden sich in manchem Hausmittel und Medikament.

Fichtennadelbäder fördern die Durchblutung und lassen uns leichter durchatmen.

Räucherungen und Rituale

Nadeln und Harz können zur Klärung und Desinfektion geräuchert werden. Sie transformieren belastende Energien und schaffen einen wachen und klaren Geist, in dem sich neues Licht ausbreiten darf. Sammle das Harz möglichst an alten bereits vorhandenen Baumnarben und verletze die Fichte nicht aufs Neue.

Channel mit der Fichte

Geliebtes Wesen,

komm mit mir hinein in den Hain der Fichten. Vernimm den fröhlichen Gesang der Vögel und spüre ihre Liebe zu uns.

Wir bieten ihnen alles für ihr Wohlergehen. Raum zum Leben, Nahrung für sich und ihren Nachwuchs, Weite, Schutz und Rückzugsraum.

Sie baden auf den Spitzen unserer Wipfel im Sonnenschein und tanken sich auf mit dem Licht aus der höchsten Ebene allen Seins.

Auch für dich haben wir Plätze tief in unserem Inneren geschaffen. Folge unserem Ruf hinein bis an die stärksten Quellen der Kraft. Nimm Platz an einem mächtigen Stamm und wende dein Gesicht der Sonne zu. Dann spür wie die Kraft der Sonne sich verbindet mit unserer innen wohnenden Energie. Wie sie sich zu deinem Wohle vereinen und dich durchströmen und erfüllen.

So wirst du äußerlich und innerlich durchflutet mit Licht und vermagst so tief in deiner Seele erkennen, wo der Ursprung deines ganz eigenen Lichtes ist.

Dieses Licht es ist so groß und kraftvoll wie die Sonne. Es ist nicht ein Stückchen geringer und auch du vermagst dich und alles um dich herum zu erhellen. Du vermagst es diese Wärme nach außen zu senden. Nutze dabei dein Herz als Sender, fülle dieses Licht mit deiner ganzen Liebe auf und lass so die Menschen, die Tiere und die Natur die dich umgibt teilhaben an deiner Existenz. Gib zurück was du bekommst. Du bist ebenbürtiger Teil dieses lichtvollen Kreislaufs.

Werde dir bewusst, dass du ein Teil des kosmischen Plans bist, das Gott in dir ist, wie du auch Teil von ihm bist. Nichts existiert ohne das andere. Alles Licht ist in Allem und Jedem. Werde dir bewusst, was du bewirken kannst, wenn du dein Licht sich verströmen lässt. Was du für dich und andere erreichen und bewegen kannst. Werde dir deines Lichtes und deiner Kraft bewusst.

Nimm dein Licht in deine Hände und trage es vor dir her. Die Menschen sie werden dich erkennen an dem Licht was dich umgibt und welches deinen Weg begleitet. Sei du das Licht der göttlichen Kraft und geleite andere zu ihrem Licht.

So sei es.

Ich danke, dass ich sprechen durfte.

Lumeria

Botschaft zum Gott-sein

An dieser Stelle erscheint es wichtig etwas zum Thema Gott zu sagen.

In spirituellen Sichtweisen, allen Religionen und vielen Philosophien ist gleichermaßen enthalten, dass von der Existenz einer höheren Macht, einer höchsten Instanz, einer Quelle im Zentrum von Allem ausgegangen wird. Für diese nicht greifbare und höchst geistige Imagination gibt es die unterschiedlichsten Begriffe: Reiner Geist, Höchste Macht, All, Gott, das Universum. Man könnte diese Namen unendlich fortschreiben und doch würde keiner dieser Namen das erklären, was sich dahinter verbirgt.

In diesem Buch wurde der Begriff Gott für diese allgegenwärtige Instanz gewählt. Damit ist nicht der Gott christlicher oder anderer religiöser Prägung gemeint. Damit ist auch kein Gott im Sinne von Zeus oder Jupiter gemeint. Gemeint ist vielmehr das Gott-Bewusstsein. Die Bewusstwerdung der allgegenwärtigen Immanenz Gottes. Diese Energieform Gott ist in allem was wir uns vorzustellen vermögen. Er ist in allem und er durchdringt alles. Du bist Teil Gottes so wie er Teil von dir ist. In einem Sandkorn und im gesamten Universum ist Gott. Alles ist Eins. Damit ist auch Alles mit Allem verbunden. Im Mittelpunkt von diesem Allem steht Gott. Er ist Teil von Allem. Er ist der ruhende Pol im Innern des Hurrikans.

Gott ist reine Liebe. Er kennt keinen Zorn und er straft nicht. Wenn er strafen würde, würde er damit auch immer einen Teil von sich selbst strafen. Warum sollte er dies tun? Gott ist in allem planvoll. Er wartet geduldig und voller Freude und Liebe über Jahrtausende unsere Entwicklung ab.

Wenn Gott in allem ist, so ist alles auch unsterblich. Da er auch in dir ist, bist du ebenfalls unsterblich. Denn wenn ein Teil dieses ganzen jemals endgültig sterben sollte, dann stirbt die All-heit. Diese Unsterblichkeit drückt sich in unseren Seelen aus. Jede Handlung und jedes Geschehen dient der Entwicklung jeder einzelnen Seele und damit der Entwicklung der Menschheit und der Entwicklung von Allem.

Sei stolz auf dich, denn du wurdest ausgewählt Teil dieses Großen zu sein.

Gott ist nicht der Gott der Kirche. Jeder ist Gott. Du bist er, wie er du ist.

Fahgul

Nach diesen Worten bittet Fahgul dich ihn wieder mal auf die alte Bank zu begleiten.

Schau nur wie viele Bäume sich hier nun bereits um dich herum versammelt haben. Alle diese Wesen und ihre Familien durftest du schon kennenlernen. Gern haben sie dich an ihrem Wissen teilhaben lassen. Gern haben sie dir ihre Energien und Qualitäten eröffnet.

Vielleicht wird dir klar was du alles von diesen Lebewesen in dein eigenes Sein ziehen darfst. Sie sind dir Unterstützer und Helfer, Begleiter und Freund. Du darfst zu jeder Zeit die Energien für dich nutzen, die du benötigst. Unendliche Möglichkeiten stehen dir offen. Nutze sie, denn nur du kannst diesen, deinen Weg gehen.

Dann lass deinen Blick von der Bank aus schweifen, hin zu dem Wald welcher zu deiner linken liegt. Siehst du dort den geschwungenen Torbogen der eingerahmt wird von zwei schlanken feingliedrigen Bäumen. Selbst von hier aus kannst du ihre leichten, feingewobenen und herabhängenden Blüten erkennen.

Komm lass uns ein wenig näher gehen. Ich habe das Gefühl, dass dieser Baum uns gerade jetzt etwas näher bringen möchte. So gehen wir von der Bank einen geschwungenen schmalen Pfad hinunter der uns in sanften Bögen zu dem eingerahmten Durchgang führt. Vielleicht kannst du den Baum auch schon genauer sehen und vermagst ihn bereits zu erkennen. Nachdem wir unter dem Torbogen stehen geblieben sind erkennst du, dass es zwei Haselnüsse sind, die hier den Weg wie zwei liebevolle Wächter behüten. Ihre gelben Blütendollen sind jetzt ganz klar und deutlich zu erkennen und sie zeugen vom Kommen des Frühlings. Vielleicht ist es ja auch dein Frühling eines neuen Lebensabschnitts! Komm wir setzen uns unter den Bogen und nehmen Kontakt zu den Haselnüssen auf. Lass uns hören, was sie uns berichten möchten.

Haselnuss

Baum des spirituellen Wissens

Botschaft

Die Haselnuss ist der Baum des nichtgeschriebenen Wissens und der Weisheit. Hier in diesem Baum können wir all die überlieferten und tief in uns verankerten Gedanken aus urzeitlichen Welten sehen und lesen. In dem Baum der Spiritualität verbindet sich die Weisheit des ganzen Kosmos. Alle Fragen finden hier eine Antwort. Hier erfährst du Dinge, die nirgendwo niedergeschrieben wurden. Dieser Baum zeigt uns eine weise Führung durch unser Leben und ist das Gehölz der weißen Magie und der damit verbundenen Heilung.

Im Gegensatz zum Haselnussbaum steht die Buche für die geschriebene Weisheit der Menschen. Hier sind die Grenzen zwischen den Bäumen fließend. Je geübter du im Umgang mit diesen Energien bist, umso stärker wird dir der Unterschied in deiner eigenen Wahrnehmung deutlich werden.

Der Haselnussstrauch ermutigt uns, Erkenntnisse und Wissen aus allen Dingen zu ziehen. Hier sind alle Seinsebenen und sämtliche Dimensionen angesprochen. Hier vereinen sich Wissen, Weisheit und Erfahrungen ungezählter Wesenheiten.

Er regt uns ebenfalls dazu an, unserer inneren Stimme zu lauschen und ihr zu vertrauen. Denn, erinnerst du dich, du bist Teil von Allem und Alles ist in dir. Damit auch tief verborgenes Wissen aus Äonen von Jahren. Wissen aus all deinen früheren Leben, Wissen aus der unendlichen Zahl von Ahnen und Urahnen. Wissen aus all deinen unterschiedlichen Inkarnationen in verschiedensten Lebensformen.

All ihre Erfahrungen haben sich für diese Inkarnation in dir versammelt. Die Hasel hilft dir dabei den Weg zu deiner ganz eigenen Bibliothek des Wissens zu finden. Sie kennt den Weg und sie hat all die Schlüssel die du benötigst um die Türen zu diesen verborgenen Kammern deiner Weisheit zu öffnen. Du wirst erfahren können, welche wertvollen Schätze du in dir trägst.

Der erste Schritt zu dieser unerschöpflichen Quelle der Erkenntnis ist es dir und deinen Eingebungen zu glauben, zu vertrauen.

Dabei hilft der Baum gerade „verkopften" Menschen klare Bilder zu sehen und auf ihre innere Führung zu achten. Und mit diesen Bildern, die du mit dir und deinem irdischen Leben in Einklang bringst, hast du bereits wieder etwas zu deinem inneren Raum des Wissens hinzugefügt. Alle Antworten auf alle Fragen sind in dir. Hör auf deine Stimme und vertraue der Kraft deines Herzens.

Jeden Tag, jede Stunde, jede Minute machst du neue Erfahrungen. Nichts im Leben kannst du mehrfach tun. Niemals wird eine Situation gleich sein einer ähnlichen. Selbst bei eingefahrenen Handlungen, bei Routinen oder auch Ritualen ist doch immer irgendetwas anders als beim letzten Mal. Und so darfst du aus jeder Handlung, aus jedem Gespräch aus jeder Begebenheit dein Wissen auffüllen.

Kurzum die Hasel leitet uns an, in der Kunst des immerwährenden Lernens. Nichts, rein gar nichts in deinem Leben ist ohne Bedeutung für dich und deine Seele. Dieses Lernen führt dich fort hin zum Lehren, zum Mitteilen deines Denkens, deines Fühlens und auch zum Heilen deines eigenen Selbst. Dann hast du deinen nächsten Schritt auf deinem Weg getan.

Schon bei antiken Göttern und den klassischen Dichtern waren die Nüsse des geheiligten Baumes gleichermaßen beliebt, verliehen sie doch Inspiration und Unsterblichkeit. Es ist dies hier die Unsterblichkeit deiner Weisheit, denn sie ist in dir und wird mit dir weiter fortgetragen, hin zu deinen weiteren Nachkommen und zukünftigen Inkarnationen. In ihnen wird dein Wissen und werden deine Erfahrungen weiterleben und wieder dazu führen, dass die nächsten Leben von dir ernten dürfen. Du bereitest das Feld für deinen nächsten Seelenplan.

Haselnuss und Mythologie

Nach irischen Sagen gelten die Haselnüsse als die Bäume, welche mit der Kraft der Weissagung erfüllt sind. Raben, die Vögel des weisen Sehens, sollen sich gern auf ihren Zweigen niedergelassen haben. Odin der Allwissende, den du schon von Yggdrasil, dem Weltenbaum kennst, hatte die Raben Hugin und Nunin, die seine Gedanken und sein Gedächtnis waren. Sie flogen für ihn in die Welt hinaus und trugen ihm alle Dinge, alle Weisheiten, alle Neuigkeiten zu.

Nach dem Glauben der Kelten und auch der Chinesen, hat die Haselnuss eine Verbindung zu den jenseitigen Wesen und Elementen. Diese Wesen der Anderswelt verleihen dem Baum sein gesammeltes Wissen.

Gerade in der Hasel kannst du deshalb immer wieder sehr viele Naturwesen antreffen, die die Anwesenheit hier in diesem Baum lieben, um ihr Wissen zu teilen und Neuigkeiten austauschen. Eine Art Marktplatz der Anderswelt.

Nach einer irischen Sage standen rund um einen Brunnen herum neun Haselnüsse. Von jedem Baum fiel einen Frucht in den Brunnen und wurde dort von einem Lachs verspeist. So viele Nüsse dieser aß, soviel Punkte erschienen auf seinem Leib. Als er alle gegessen hatte war sein Wissen vollendet.

Hier weißt die Neun, die Zahl der Vollendung auf das abschließende Ergebnis hin. Mit der Eins beginnt der Weg. Mit der Neun ist er abgeschlossen. Der Kreis ist gebildet.

Haselnuss und Chakren

Die Weisheit des nichtgeschriebenen Wortes, die Verbindungen hin zu den Naturwesen und all dem verborgenen Wissen führt unweigerlich zum Dritten Auge, dem Energiezentrum der hellsichtigen Arbeit.

Das dritte Auge es steht für alle Sinne und deren Wahrnehmung. Es steht insbesondere für die übersinnlichen Wahrnehmungen. Diesem Chakra ist im astrologischen zugeordnet Merkur. Merkur der römische Gott, der wesensgleich dem griechischen Gott Hermes ist. Beide sind Boten aus der göttlichen Ebene und lassen dich dein eigenes Sein erkennen. Stärke deine Wahrnehmungsfähigkeit auf allen Ebenen mit Hilfe der Hasel.

Die Hasel, sie steht auch für immerwährenden Neubeginn. Denn man mag ihre Äste soweit herunter schneiden wie man möchte immer treiben sie wieder aufs Neue aus. Die Fähigkeit des Neubeginns sie verweist uns erneut auf die Leichtigkeit des Sakralchakras.

Und der Haselnussbaum er verkörpert auch das hermetische Prinzip des Geschlechts. In dem Baum sind gleichermaßen weibliche wie männliche Anteile vorhanden. Nur ihre Kombination führt zur eigenen Perfektion.

Die Haselnuss und deine Gesundheit

Auch aus volksmedizinischer Sicht kann dir der Baum von Nutzen sein, denn Rinde und Blätter wirken blutstillend und fiebersenkend. Und ein Stück des Holzes als Talisman getragen dient einem gesunden Leben.

Die Nüsse des Baumes sind nicht nur schmackhaft sondern bieten eine Vielzahl wertvoller Substanzen. So enthält die Nuss einen hohen Anteil an ungesättigten Fettsäuren, hochwertiges Eiweiß, Vitamine und Mineralstoffe. Der Verzehr senkt nicht nur den Cholesterinspiegel sondern erhöht auch das Denkvermögen und das Gedächtnis. Wen wundert das bei den Energien des Baumes?

Räucherungen und Rituale

Sollst du einmal das Holz der Haselnuss verräuchern wollen, so wird dir der warme und holzige Duft des verbrennenden Holzes das Wissen der Elemente übertragen. Dieses Räucherritual wirkt klärend und beruhigend. Auch zum Orakelräuchern ist dieses Holz natürlich wunderbar geeignet.

Channel mit der Haselnuss

Geliebtes Wesen,

ich freue mich dir etwas über deine spirituellen Energien erzählen zu dürfen. Diese Energien, die tief in dir verborgen sind. Lange bevor du in deiner menschlichen Gestalt auf dieser Erde inkarniert bist, hat sich deine Seele bereits reiflich Gedanken darüber gemacht, welche Erfahrungen, welche Erkenntnisse sie in diesem Menschenleben machen möchte. Diese Seele sie ist ein großes Wesen mit dem Wissen aus vielen ungezählten Inkarnationen. In jedem Erdenleben und auch bei anderen Sternenvölkern machte sie neue Entdeckungen und fügte sie ihrem Wissen hinzu. Alles bis ins kleinste Detail legte sie in ihrem großen Wissensspeicher ab. Aus diesem Erfahrungsschatz geht nichts verloren. Er ist unsterblich wie die Seele selbst. Und in jede Inkarnation nimmt sie all dies wieder mit.

Vermagst du dir vorzustellen, welches Wissen diese Seele, die sich diesmal für ihren Seelenplan genau deinen Körper ausgesucht hat, ihr Eigen nennt. Verstehst du welche ungeahnten Fähigkeiten tief in dir schlummern und nur darauf warten von dir entdeckt zu werden.

Spürst du manchmal, dass dir Dinge so vertraut sind, obwohl du ganz sicher bist bisher niemals mit ihnen in Kontakt gekommen zu sein? Hörst du manchmal den Ruf in dir etwas Bestimmtes zu beginnen oder fühlst du eine magische Kraft die dich zu unbekannten Aspekten des Lebens geleitet? Nimmst du wahr, dass tief in dir Stimmen laut und lauter werden dich auf neue Wege einzulassen?

Was du wahrnimmst, es sind die Impulse deiner Seele. Erinnere dich, die Seele, sie möchte ganz konkrete Erfahrungen machen. Dass du genau jetzt gerade diese Zeilen liest lässt mich erkennen, du hast diese Rufe in dir verstanden. Du möchtest dein Wissen finden und für dich nutzen. Du suchst deinen Weg hin zu deinem spirituellen Wissen oder vielleicht hast du ihn bereits gefunden und entwickelst dich nun Tag für Tag weiter.

Der Samen der Erkenntnis er hat lange in dir gelegen. Nun hast du ihn mit deiner Neugier, mit deinem unbedingten Wollen zum Leben erweckt. Lass ihn wachsen zum Baum der Erkenntnis. Ein Baum, der so einzigartig ist, weil er nur in dir, in deinem Inneren heranwachsen kann. Denn so wie das Wissen ist auch der Weg dorthin nur in deinem Inneren. Gerne darfst du dir Hilfe jeder Art holen: Lese, Lerne, Höre zu und sei offen für alles Neue. Aber vor allem: Lerne auf die Wahrheit in dir selbst zu hören.

Nur DU kannst diesen eigenen Weg gehen. Denn so wie jedes Lebewesen ist auch jede Seele einzigartig. Und diese Seele das bist DU.

Ich die Hasel vermag dich zu unterstützen auf diesem Weg. Bitte und ich bin für dich da, sende dir die Energie, die du benötigst um genau den nächsten wichtigen Schritt zu tun. Und jeder Schritt, mag er dir noch so klein erscheinen, ist ein riesiger Schritt für deine Seele. Danke, dass du für deine Seele da bist. Ich freue mich, dass ich sprechen durfte. Sei gesegnet auf deinem Weg.

Estellia, die Hasel am Bach

Linde

Baum der Harmonie und des Ausgleichs

Botschaft

Die Linde ist der Baum, der uns zum Versammlungsort ruft. Er steht im Dorfmittelpunkt. Dort wo viel Austausch und Gespräch stattfindet. Sie fördert diese Kommunikation und trägt sie auf allen Ebenen.

Unter der Linde wurde seit jeher gefeiert, getanzt und gelacht, manche Liebe fand hier ihren Anfang. Aber unter dem Baum wurden auch Konflikte ausgetragen, Streitereien besprochen, geklärt und behandelt. Hier am Thingplatz wurde Recht gesprochen und manch Zwistigkeit entschieden.

Noch vor nicht allzu langer Zeit traf man sich regelmäßig zum Gespräch in der Dorfkneipe „Zum Lindenbaum" und noch heute flaniert man in Berlin und andernorts „Unter den Linden".

All diese Gemeinsamkeiten weisen auf die hervorragende Qualität der Linde als Baum der Begegnung und des Ausgleichs hin. Stellvertretend für die Kräfte der Natur steht hier der Baum, der immer wieder bestrebt ist widerstreitende Naturen in Einklang zu bringen.

Seien es die Energien von Geben und Nehmen, Halten und Loslassen, Frau und Mann oder auch Himmel und Erde. All diese

Kräfte dürfen in einer ausgeglichenen Waage ihre Energien zur erwünschten Symphonie zusammenführen. Die Linde begleitet dich um deine Waagschalen des Lebens auf gleiche Höhe zu bringen.

Der Name der Linde leitet sich ab vom indogermanischen lentos, was so viel bedeutet wie „biegsam" sein. Aus diesem Wort leitet sich auch die Bedeutung von weich sein, zart, mild ab. All dies sind notwendige Voraussetzung um die vermeintlich entgegenstehenden Kräfte zu vereinen.

Wenn du das Gefühl hast, dass dein Leben ins Ungleichgewicht geraten ist, wähle diesen Baum der Harmonie um deine Pole wieder einzuschwingen.

Das geistige Prinzip der Polarität enthält die Aussage, dass alle Dinge dieser Welt zwei Seiten, zwei Aspekte, zwei Pole haben. Zwischen diesen Polen gibt es eine unzählbare Anzahl von Abstufungen.

Aber nur wenn du beide Seiten in eine Einträchtigkeit gebracht hast, arbeitet die Energie vollständig und liebevoll. Du verbrauchst keine Kraft mehr, weil einer deiner Pole ins Minus gegangen ist.

Du bist vollkommen und ganz DU.

Linde und Chakren

Die Linde ist der Baum des Ausgleichs und der Liebe. Hier sind Bezüge zum Solar Plexus, dem emotionalen Zentrum und natürlich zum Herzen überdeutlich. Auch die herzförmigen Blätter des Baumes sprechen dafür.

Schaffung von Harmonie und Ausgleich gelingt sehr häufig durch die kunstfertige und liebevolle Nutzung der Worte und der Sprache und so gibt es auch eine starke Bindung zum Halschakra als dem Zentrum der Kommunikation.

Gleichzeitig sind jedoch auf einer anderen Ebene alle sieben Hauptchakren angesprochen, denn auch für sie ist es wichtig immer zueinander in Harmonie zu stehen.

Linde und Mythologie

Die Linde wurde von den Germanen Freya, der Göttin der Liebe und Ehe geweiht.

In der griechischen Mythologie wurde die Tochter eines Meeresgottes, Philyra in eine Linde verzaubert. Philyra gebar ihren Sohn Chiron der halb Mensch, halb Pferd als Zentaur lebte. Chiron wiederum wurde vom Gott Apollon in die Weisheiten des Heilens eingewiesen. Und wir wissen ja bereits Heilen bedeutet auch immer etwas Unausgewogenes wieder in Balance zu bringen.

Die Linde und deine Gesundheit

Das Wort lindern hat seinen Ursprung in der Linde. So lindert die Linde nicht nur mit ihrem Tee Erkältung und Fieber, sondern auch bei Herzschmerz wurde er gereicht.

Asche aus der Rinde von Linden hergestellt wirkt basisch und so Übersäuerungen des gesamten Verdauungstrakts entgegen.

Räucherungen/Rituale

Der Duft von geräucherter Lindenrinde erfüllt den Raum mit Harmonie und Herzenswärme. Gerade nach einem Reinigungsritual füllt der Lindenrauch die frei gewordenen Räume wieder mit einer positiv neutralen Energie auf.

Channel mit der Linde

Geliebtes Menschenwesen,

ich freue mich, dass du zu mir kommst.

Ich spüre die tiefe Traurigkeit in deinem Herzen und wünsche dir dich mit meinen Worten in den Frieden zu bringen.

Bitte nimm dir Zeit um dir deine Waagschalen zu betrachten. Versuche die Traurigkeit in dir zu ergründen. Was ist es was dich traurig macht. Lege all diese Trauer auf die rechte Schale der Waage und dann schau genau hin, was du dort angehäuft hast.

Welche Wege, welche Begebenheiten haben dich dazu geführt all dies anzusammeln, festzuhalten und dir zu eigen zu machen?

Kannst du etwas davon loslassen? Vermagst du dir vorstellen, was es braucht um auf die linke Seite deiner Waage gelegt zu werden.

Was könnte all diese Trauer, all diesen Ärger, all diese Unausgeglichenheit wieder in einen Tanz des Ausgleichs bringen.

Überlege genau und dann beginne damit dir vorzustellen was es zur Heilung deiner selbst braucht.

Lehne dich zurück, lehne dich an mich. Lass dich ganz tief in meine Wurzeln sinken und werde eins mit mir. Ich hülle dich ein mit meiner Liebe. Jetzt gerade bin ich nur für dich da.

Komm wir beginnen gemeinsam die Waagschale auf deiner linken Seite zu füllen.

Zunächst legen wir einmal dein großes Herz hinein. Schau nur welche Kraft und Liebe aus ihm strömt. Es scheint als wäre es nun, wo du den Mantel der Trauer angeschaut und auf die andere Schale gelegt hast, befreit. So als könnte es nun alles wieder in dich einfließen lassen, was es ausmacht.

Spürst du die Liebe die dir dein Herz zu Teil werden lässt.

Ich spüre genau jetzt das Fließen deiner eigenen Kraft. Und es ist wie ein wechselseitiges Geben und Nehmen. Je mehr Kraft du aus der Liebe deines Herzens ziehst, umso mehr Energie kannst du wieder an dieses Herz zurückfließen lassen. Du und dein Herz ihr stärkt und erneuert euch im Austausch und doch auch gemeinsam.

Und so wie das Herz wächst und wächst, wie du stärker, kraftvoller und heiler wirst so mehr richtet sich die Waage auf.

Jetzt wo du viel mehr Aufmerksamkeit deinem Herz widmest kann die Traurigkeit gehen. Sie hat dir gezeigt, dass sie auch Teil deines Lebens ist. Ja, sie gehört zu dir, wie die Liebe deines Herzens, aber sie ist nur ein Teil.

Trauer und Freude sie sind das Paar der gleichen Medaille. Wenn du dich nur der Trauer zuwendest, geht deine Energie für die Freude verloren.

Nähre dich und dein Leben zu gleichen Teilen. Lass nicht zu dass dich Themen wie ein Berg überragen. Sei du der Berg und schaue wie sich alles um dich herum beginnt in einen Gleichklang zu verwandeln. Du hast und du bist die Kraft, die alles bewegen kann. Vertraue dir selbst.

Kind der Liebe, du bist es wert dir die Geschenke des Lebens zufließen zu lassen.

DU bist es wert.

So sei es

Matia

Weißdorn

Die Stärke deines Herzens

Botschaft

Der Weißdorn hat in körperlicher und emotionaler Hinsicht Einfluss auf das Herz. Wenn dich eine Herzensangelegenheit bedrückt, so suche die Nähe und den Kontakt mit diesem Baum. Du findest ihn auch heute noch häufig als Teil von Feld- oder Waldhecken. Oft steht er jedoch auch als Solitär im Wald oder auf freier Flur. Du erkennst ihn im Frühjahr daran, dass er bereits sehr zeitig im Mai, manchmal bereits im April seine zierlichen weißen Blüten zeigt. Diese bedecken oft den ganzen Baum und wirken wie ein weißes Kleid. Dieses Blütenkleid erinnert nicht von ungefähr an ein prachtvolles Hochzeitskleid. Der Weißdorn steht durch seine Qualität auch in enger Beziehung zu Hochzeitsbräuchen und Fruchtbarkeit.

Im Winter kannst du den Weißdorn an den leuchtend roten Früchten erkennen, die den Vögeln und Wildtieren noch lange in der kalten Jahreszeit als Nahrung dienen. Auch an diesem kräftigen Rot, welches für die Urkraft der Erde steht, vermagst du die Stärke dieses Baumes deuten.

Suche Ruhe und Entspannung unter einem Weißdorn um die Fähigkeiten deines Herzens zu aktivieren. Hier steht der Weißdorn besonders für die Kraft deines Herzens. Dafür was diese Kraft bewirken kann. Wann immer es dir angeraten erscheint deinem Herzen Kraft und Stärke zufließen zu lassen bist du bei diesem Baum an der richtigen Stelle.

Wenn dich Liebesdinge aus der Bahn geworfen haben oder dich gerade eine Achterbahn der Gefühle erleben lassen, so findest du hier die nötige Kraft um Emotion und Verstand wieder in Einklang zu bringen. Vertraue darauf was der Baum dir zu sagen hat und glaube an deine eigene Kraft des Herzens. Er wird dir deinen Weg der Liebe weisen.

Und auch im so schwierigen Themenfeld der Selbstliebe vermag dir die Qualität des Weißdorn das nötige Gleichgewicht der Kräfte zeigen. Lass einmal diesen Satz tief in dir wachsen und wirken:

ICH bin der wichtigste Mensch in meinem Leben.

Die Eigenliebe, die leider zu oft mit Egoismus verwechselt wird, sie ist ein wichtiger Bestandteil unseres Lebens. Stell dir bei wichtigen Entscheidungen immer die Frage, was würde die Liebe jetzt tun. Und damit ist immer gemeint, was würde die Liebe zu mir, zu meiner Seele, zu meiner menschlichen Inkarnation sagen. Was tut mir gut? Was ist für mich richtig?

Hier darfst du jedoch immer achtsam sein. Nicht nur mit dir, sondern auch mit deinen Mitmenschen. Sei achtsam, dass du sie mit deiner Eigenliebe nicht bösartig verletzt. Dass du mit deiner Selbstliebe nicht achtlos auf den Gefühlen anderer herumtrampelst.

Genau diesen feinen Unterschied zwischen der Liebe zu dir und den möglichen Verletzungen anderer vermag der Weißdorn dir mit seiner Energie aufzuzeigen.

Weißdorn und Mythologie

Früher bildete der Weißdorn zusammen mit Hainbuchen, Wildrosen, Brombeeren und Haselnuss den klassischen Hag (Hecke). Daraus leitet sich auch ein weiterer Name nämlich Hagedorn ab. Hier pflückten und sammelten im Schutz und unter dem Blätterwald der Hecken die weisen und kundigen Frauen Früchte und Kräuter. Diese heilkundigen Frauen hießen früher Hagezussen und aus diesem Wort findet sich die Ableitung zum bekannteren Begriff der Hexen.

Die Hexen, die frühen Ahnen heutiger Mediziner, Heilpraktiker oder Heiler, nutzten ihr Wissen über die Qualitäten von Pflanzen und Bäumen um den Menschen bei körperlichen aber auch geistigen und seelischen Problemen zu helfen. Der Weißdorn ist demnach eine klassische Pflanze der weißen Magie.

Merlin ist dann aber auch ein Beispiel dafür, dass man immer auch Gutes in etwas vermeintlich Schlechtes wandeln kann. Der weise druidische Zauberer wurde von der Fee Viviane unter einem Weißdornbusch in den ewigen Schlummer versetzt. Dabei nutzte sie gerade die magischen Fähigkeiten, die ihr Merlin selbst beigebracht hatte.

Legende von Glastonbury

Glastonbury ist eine kleine Stadt im Süden Englands. Um den Ort ranken sich viele Mythen und Legenden. Manche berichten davon, dass dort Avalon, die sagenumwobene Apfelinsel liegt. Die Apfelinsel welche Heimstatt der Feen war.

Hier liegt auch Glastonbury Tor ein Hügel der früher von Kelten besiedelt war. Auf dessen Spitze stehen heute die Reste der

Kirche St. Michals. An diesem Platz soll sich nach keltischen Sagen der Eingang zu Avalon befunden haben.

Wie es bei der Christianisierung üblich war wurden solche vermeintlich heidnischen Kultstätten mit christlichen Symbolen überbaut.

Am Fuße dieses Hügels befindet sich ein Weißdorn, welcher zweimal im Jahre blüht. Der Legende nach wuchs dieser aus dem Wanderstab des Josef von Arimathäa den er an dieser Stelle in den Boden steckte. Josef von Arimathäa brachte nach der Überlieferung im Heiligen Gral das Blut Christi nach England und errichtete an dem Glastonbury Hügel eine kleine Kapelle. Noch heute soll die rötliche Färbung des Wassers aus einer nahen Quelle auf dieses Herzblut hinweisen.

Der Weißdorn und deine Gesundheit

Weißdorn normalisiert den Blutdruck und reguliert den Herzschlag. Er hilft bei Müdigkeit und Erschöpfung. Er kann dir dabei helfen deine Kräfte sinnvoll einzuteilen und deine eigenen Grenzen zu erkennen.

Weißdorn ist heute in vielen Präparaten der Schulmedizin und der Homöopathie enthalten.

Weißdorn und Chakren

Selbstverständlich ist dieser Baum mit seinen wundervollen Energien dem Herzchakra zugeordnet.

Räucherungen/Rituale

Der Rauch von Weißdornblüten führt einen zurück auf den Weg und die Weisheit des Herzens. Gefühle können zugelassen werden und Heilung im Inneren ist möglich.

Ein Talisman aus dem Holz eines Weißdorns geschnitzt gilt als Liebesbeweis.

Channel mit dem Weißdorn

Geliebtes Kind,

mein Name ist Rowina und ich stehe hier neben meinem Freund, der Eiche Arkan. Unsere Kräfte sind vereint.

Du geliebtes Kind trägst alle Kraft in dir. Du hast schon viel von uns Bäumen erfahren und du hast vieles gehört und gelernt. Bist du dir inzwischen bewusst wieviel Kraft und Stärke du in dir hast?

Schau uns nochmal gemeinsam an, mich und Arkan. Er ist ein großer, starker, kraftstrotzender Baum. Ich hingegen bin äußerlich eher ein kleiner Strauch. Doch wenn du denkst, ich wäre nur ein Deut geringer als mein Freund dann irrst du.

Meine Kraft kommt aus dem Herzen. Nichts in diesem Universum hat eine höhere Schwingung und mehr Energie als die Liebe aus der Tiefe deines Herzens. Es ist die Urkraft deiner und aller Seelen. Diese Kraft sie kann alles erreichen.

Tue etwas aus voller Liebe und mit ganzer Hingabe. Im Glauben an dich und deine Fähigkeiten. Dann wirst du glücklich und erfolgreich sein. Kein Berg ist dann zu hoch und keine Schwierigkeit zu groß. Alle Widrigkeiten verbeugen sich vor dieser Energie der Liebe.

Du wundervolles Menschenkind, geh in dich, fühle deine Kraft. Nimm dein Herz in deine Hände und lasse dich von ihm leiten.

Bleibe auf diesem Weg und nichts wird dich abhalten können. Folge dem Weg deines Herzens und alle Tore, zu allen Wünschen, werden sich leicht und spielerisch öffnen. Schon bald werden dir deine ach so großen Wünsche klein und unbedeutend vorkommen. Du wirst dich selbst überflügeln.

Schaffe dir einen Raum der Liebe in deinem Inneren. Stelle es dir so vor wie eine große Schatzkammer angefüllt mit deiner Liebesenergie. Wann immer du etwas von dieser Kraft brauchst, gehe in deine Schatzkammer des Herzens und hole dir was du benötigst.

Fühle und spüre diese unbändige Liebe und Lebensfreude in dir. Sei du die Liebe deines Lebens.

Ich umarme und segne dich für deinen weiteren Weg.

In größter Liebe.

Rowina

Die Stechpalme

Baum des inneren Schutzes

Botschaft

Die Stechpalme, auch Christdorn, Walddistel oder Winterbeere genannt, ist ein typisches Gewächs des Unterholzes. Sie lebt gern in der Umgebung von Eichen und Buchen. Die weiblichen Sträucher tragen früh im Jahr dekorative rote Beeren, die für uns Menschen allerdings giftig sind.

Der schützende immergrüne Strauch der Wälder und Hecken zeigt uns mit seinen Dornen, dass die Schönheit oft im Dunklen liegt. Sei achtsam für das Helle hinter dem Schutz der Blätter.

Betrachtet man eine Stechpalme, einen Ilex im Wald so wird einem schnell die grazile offene Wuchsform deutlich. Das dunkle Grün der Blätter hat für das Auge etwas einladend Freundliches. Nähern wir uns dann dem Baum müssen wir sehr achtsam sein um nicht in Kontakt mit den stacheligen Außenseiten der Blätter zu kommen. Wenn sie auch keine wirklichen Verletzungen hinterlassen so signalisieren sie doch deutlich: Vorsicht, Nähere dich mit Bedacht.

„Überwindet" man jedoch diese Barriere und geht in einen körperlichen Kontakt mit dem Blattinnern oder den Ästen und Stämmen des Baumes so breitet sich sofort ein Gefühl der Wärme, des Zulassens von Nähe aus.

Der Ilex zeigt uns auf sehr plastische Weise, dass sich hinter einem vermeintlich undurchdringlichen Schutz im Inneren oft ein ganz anderes, ein liebevolles, ein offenes Wesen befindet.

Sehen, annehmen und schätzen was ist, scheint eine der Devisen der Stechpalme zu sein. Schau dir an was du zu Sehen bekommst. Nimm es so wie es sich dir zeigt. Versuche nichts zu verändern sondern geh in einen liebevollen Kontakt und beginne zu schätzen was sich dir im Innern zeigt.

Oft kann man gerade in spirituellen Kreisen hören, dass man sich vor diesem oder jenem schützen muss. Dass man keine dunklen Energien an sich heran lassen darf und dass man sich vor Flüchen und dunklen Anhaftungen in Acht nehmen soll.

In meiner Wahrnehmung verbergen sich hinter solchen Aussagen alte Ängste, Befürchtungen und Blockaden die in uns selbst stecken. Denn wenn ich mich vor etwas fürchten muss und mich dann davor schützen will, dann sind dies unerlöste Dinge in mir selbst. Dinge, Menschen, Begebenheiten die ich mir anschauen darf. Im nächsten Schritt darf ich mich damit auseinandersetzen. Tiefer gehen und zulassen. Dann nimm an was sich hinter der Angst verbirgt. Integriere es bewusst in dein Leben, denn tief in deinem Inneren war es schon zuvor ein fester Bestandteil von dir.

Und bedenke auch eins, sich zu schützen bedeutet immer auch, dass man eine Mauer, einen Zaun um sich herum errichtet. Dieser Schutz lässt nichts an uns heran. Macht uns unverletzlich, lässt aber auch nichts mehr von dir zum Vorschein kommen. Nimmt dir die Möglichkeit dich zu zeigen und deine Gefühle nach außen zu leben. Irgendwann hast du eine so große und dicke Mauer um dich herum errichtet, dass du vollkommen unbeweglich wirst und in deinen eigenen Ängsten gefangen bist.

Wenn du wirklich das Gefühl hast, du müsstest dich aus Eigenliebe heraus vor bestimmten Situationen oder Menschen schützen, dann lass dies immer einen zeitlich eingeschränkten Schutz sein. Lerne dich energetisch zu reinigen und dir energetische Schutzmöglichkeiten geben zu lassen.

Stechpalme und Mythologie

Der Ilex wurde früher gern gepflanzt um Haus und Hof zu schützen. Die Blätter boten Heimstatt für Elfen, Feen und Kobolde und so übertrug sich deren Schutz auf das Haus.

Im Winter zur Sonnenwende holte man Äste des Ilex ins Haus um symbolisch den Übergang von der dunklen in die helle Jahreshälfte zu begehen. Es war ein immergrüner Begleiter in der Weihnachtszeit. Nach vorchristlichem Glauben blieben die Blätter bis zum letzten Januar im Haus. Danach mussten sie entfernt werden, weil sie sonst Unglück bringen sollten. Es ist dies auch symbolisch der Übergang vom Winter zum Sommer. Der christliche Glaube übernahm auch hier Teile des alten Volksglaubens, bestand aber darauf, dass die Blätter am 06. Januar, der letzten Raunacht, entfernt werden mussten.

Später wurden die grünen Blätter dann häufig vom Weihnachtsbaum als Tanne oder Kiefer abgelöst. Die Äste des Ilex mit Blättern und Beeren dienen in jüngster Zeit wieder vermehrt als Weihnachtsbegrünung und so ziehen die alten Traditionen wieder zurück in unsere Wohnstuben.

Nach einer bretonischen Sage lebte ein keulenschwingender und äußerst potenter Riese. Er war bekleidet mit einem Umhang aus Blättern der Stechpalme und verkörperte so Stärke, Schutz und zugleich Sexualität.

Beim vorchristlichen Julfest schmücken sich junge Männer mir Blättern der Stechpalme und junge Frauen mit Efeu und schreiten dann gemeinsam zum Sonnenaufgang. Hier zeigen sich die männlichen und weiblichen Aspekte der Pflanzen.

Nach walisischen Überlieferungen begleitete der Stechpalmenkönig in der dunklen Jahreshälfte die Erdenmutter. In der hellen Jahreszeit war dies der Eichenkönig.

In der englischen Mythologie existiert der „grüne Ritter" als männlich archaische Gestalt. Auch er tritt als Stechpalmenkönig gemeinsam mit dem Eichenkönig auf. Die Gestalt des allseits bekannten Robin Hood findet nicht zuletzt hier eine Darstellung. Durch ihr Umwerben und Beglücken der Erdenmutter sichern Winter- und Sonnengott den Fortbestand des Lebens.

Die Stechpalme und deine Gesundheit

In der indianischen Volksmedizin wurden Blätter pulverisiert und ein Tee aus dem Sud sollte gegen Masern helfen; ein Aufguss aus der Asche verbrannter Blätter sollte gegen Husten helfen.

Nach anderen Überlieferungen soll der Tee junger Blätter gegen Durchfall, Fieber und Husten helfen.

VORSICHT: Beeren sind giftig!

Als Bachblütenessenz dient „Holly" zur Öffnung des Herzens und verhilft zum Erkennen der reinen Liebe.

Räucherungen/Rituale

Räuchern der Blätter führt zu Ausgeglichenheit und mildert Erregungszustände.

Baum und Heiler

Für die spirituelle Heilarbeit kann die Stechpalme allein, aber auch z.B. in Kombination mit der Eiche (Schutz und Stärke) oder mit dem Weißdorn (Schutz des Herzens) genutzt werden.

Channel mit einer Stechpalme

Mir begegnet zu Beginn des Channels eine sehr sanfte, liebevolle, einhüllende Energie und ich sehe das Baumwesen mit weit geöffneten Armen vor mir stehen.

Geliebtes Menschenkind,

du bist schon längst ein Teil von uns Bäumen geworden. Wir freuen uns, dass du uns mit deiner unendlich wachsenden Liebe und Freundlichkeit begegnest.

Ich möchte dir nun eine Botschaft für all unsere Freunde da draußen mit auf den Weg geben.

Wir Bäume wissen, dass es noch ein langer Weg sein wird, bis es wieder ganz selbstverständlich wird, dass ihr mit uns redet. Wir beobachten genau, dass es dazu mehr und mehr Ansätze bei den Menschen gibt und dass eure Wissenschaftler beginnen sich für diese Vorstellungen zu öffnen.

Umso mehr ist es mir eine Freude zu sehen, wie viele unter den Menschen schon bereit sind. Euch allen sage ich: Verliert nicht den Mut, denkt an eure Fähigkeiten. Kommt immer wieder zu uns in den Wald oder die Gärten. Seit immer offen für neue Botschaften aus unserer Welt. Nehmt sie an, vertraut auf eure Stimmen und tragt das Gehörte hinaus in die Welt.

Habt keine Angst vor dem was andere sagen oder denken. Bleibt bei euch und eurem Wissen. Was tief in euch ist, kann euch niemand nehmen. Es ist euer ganz eigenes Gut.

Geht nicht in Verzweiflung oder in Missmut, wenn eure Gespräche mit uns nicht immer so einfach erscheinen. Legt eure Bedenken beiseite, schickt euren Verstand in den Urlaub.

Hier im Wald gibt es nichts, vor dem ihr euch schützen müsstet. Und denke daran Schutz bedeutet auch immer ein Sich-Verschließen.

Wir Bäume und all die anderen Naturwesen um euch herum wir sind auf euer Wohlergehen aus. Wir streben den Austausch mit euch an.

Naturwesen sind von Natur aus Wesen, die sich der Liebe verschrieben haben. Die Liebe zu euch und allem was ist.

Geliebtes Kind, dir die du meine Worte dort draußen empfangen darfst: ich und alle Baumwesen wir sind da um dich zu führen, dir zu helfen und dich zu unterstützen wann immer du dies magst.

Wir lieben dich aus der Tiefe unserer Seele. Ich lade dich ein für immer mein geliebter Freund zu sein. Wir sind weit geöffnet. Komm und verschmelze mit uns zu einer Einheit der Liebe.

So sei es.

Mahona

Fahgul

Ich bin tief berührt von den Worten der Stechpalme Mahona. Auch mir bist du tief an mein bäumisches Herz gewachsen und es ist ein wundervolles Gefühl für mich, deine Schwingung wahrzunehmen, wenn du dich auf die Worte dieses Buches einlässt oder du in Gedanken bei uns Bäumen bist.

Nun möchte ich dich nochmal zu deinem Platz an der Bank begleiten. Ich habe das Gefühl, dass heute ein besonderer Moment ist.

Der Ring der zwölf Bäume

Schau nur wie sich im Laufe unserer gemeinsamen Zeit hier dein Ausgangsort für diese Reise verändert hat. Und sieh nur wir werden von sehr vielen Wesen erwartet, die sich um deine Bank versammelt haben.

Nachdem du Platz genommen hast vermagst du zu erkennen, dass sie sich im Kreis um dieses Plateau herum aufgestellt haben und die Bank im Zentrum steht. Sie bilden einen Ring aus 12 Baumfamilien und alle sind dir zugewandt. Fast habe ich das Gefühl, als würden sie sich vor dir verneigen, ihre Kronen sind ganz aufgerichtet so als hätten sie sich für diesen Anlass hier besonders herausgeputzt. Ihre Körper und Gesichter schauen in deine Richtung.

Im Kreis ist die Familie der Pappeln zu erkennen. Die, welche dir den Eingang ins Reich der Naturwesen gezeigt haben. Daneben sehe ich meine eigene Familie, die Buchen, unter ihnen Ko, der dir von ihrer Weisheit zu berichten wusste.

Dann sehe ich die großen und kräftigen Eichen, die sich wiederum in einem kleinen Kraftkreis aufgestellt haben. Dort kannst du Awila und Piero, Birne und Apfel sehen, die ihre Liebe und Güte verströmen. Direkt anschließend stehen die Birken in all ihrer Leichtigkeit und die Lärchenfamilie mit ihren Qualitäten der Flexibilität und des Loslassens.

Weiter können wir erblicken die Fichte Lumeria, die in ihrem ganzen Licht erstrahlt und die Haselnuss Estellia, in deren heller Aura wir die Spiritualität wahrnehmen können. Erkennst du den Weißdorn dort, der sich mit seinem schönsten Kleid aufgestellt hat und seine ganze Herzensenergie hier hinein in den Kreis fließen lässt.

Die Linde sie lässt ihre ganze Harmonie strömen, so dass alle Wesen, die sich hier versammelt haben in friedlicher und stärkender Eintracht anwesend sein können. Und behütet wirst du und werden all die anderen hier von der schützenden Magie der Stechpalme.

All die Bäume, die du kennen lernen durftest, sie haben dir zu Ehren diesen Ring der 12 um dich vereint. All diese Qualitäten haben sich hier nur für dich nochmals aufgestellt um dir zu zeigen wie sehr sie dich mögen und in ihre Herzen aufgenommen haben.

Und nun kannst du auch sehen, wie sich dort im Osten bei dem Weißdorn eine Pforte öffnet und es tritt die Deva des Waldes hervor.

Sie schreitet zu dir und nimmt deine Hände. Sie schaut dich an und tief in dein Herz hinein und bittet dich bei deinem nächsten Besuch in ihrem Reich, in ihrem Wald, dir etwas mitzunehmen. Etwas, dass dich geradezu magisch anziehen wird. Du wirst es in deinem Herzen erkennen, dass es dort an dem Ort nur auf dich wartet. Nimm es an dich und bewahre es im Wissen um die Fähigkeiten der Bäume. Dann tritt die Deva zurück in den Kreis.

Eingerahmt wird dieser Ring noch von vielen Naturwesen aller Elemente, kleine und große stehen, fliegen und schwirren herum. Und all die Tiere des Waldes haben sich ebenfalls eingefunden.

Diese vereinten Energien darfst du zukünftig, wann immer du es magst für dich und wenn es in der göttlichen Ordnung ist, auch für andere nutzen. Respektiere dabei die Würde und die Freiheit der Bäume und nimm dir nur was du wirklich benötigst.

Tue dies alles um dich zu einem offenen, friedvollen und lichtdurchfluteten Menschen zu machen. Werde dir deiner Stärken bewusst. Du bist ein Kristall im Universum.

Danke, dass ich dich begleiten durfte. Auch ich verneige mich vor dir und deinen Sein.

Nun möchte ich mich von dir verabschieden und darum bitten, dass du Terudin, den du zu Beginn des Buches kennengelernt hast nochmals lauschst.

Channel von der Eberesche Terudin

Terudin spricht am Anfang, dass diese Worte an all die gerichtet sind, die dieses Buch und diesen Weg als Schreibender, als Begleiter und als Leser mitgegangen sind.

Geliebtes Kind,

ich danke dir, dass ich die letzten Worte auf diesem Weg sprechen darf, den du uns nun schon so lange begleitet hast.

Wir die Welt der Bäume und Naturwesen begrüßen dich, wann immer du magst in unserer Mitte. Unsere Welt steht dir offen, du bist längst Teil davon geworden.

So wie du viele Dinge von uns angenommen hast, so haben wir deine Schwingungen beim Lesen aufgenommen. Wir haben sie aufgenommen und weitergetragen in den stillen Winkel verborgen im Wald und doch in deiner Nähe.

Danke, dass wir mit dir empfinden durften. Wir haben deine Freude, deine Neugier, deine Offenheit aber auch deine Herausforderungen gesehen und mit offenen Armen in Empfang genommen. Haben dein Staunen gesehen, deine kindliche

Begeisterung, die Öffnung deines Herzens und wir sehen nun wie du voller Kraft deinen Weg weiter beschreiten wirst.

Ja, wir begrüßen dich als ein Wesen von uns. Sei willkommen in unserem Volk. Nun wirst du für immer Teil unsere Geschichte und unserer Geschichten sein.

Du hast durch deinen Wunsch etwas verändern zu wollen, dich verändert, deine Umwelt wird sich verändern und wir uns ebenfalls. Wir durften mit dir eine Zeit des gemeinsamen Wachsens erleben.

Ich, Terudin, freue mich bereits jetzt auf deinen nächsten Besuch, du Freund der Bäume.

Menschenkind sei gesegnet von uns.

Wir lieben dich.

So sei es.

Terudin die magische Eberesche

135

Praktische Tipps und Übungen

Anleitung zum Räuchern

Zunächst benötigst du natürlich für ein Räucherritual Rauchwerk, also in diesem Fall die Bestandteil eines oder mehrerer Bäume.

Sammeln kannst du das Gut das ganze Jahr über, aber die einzelnen Bestandteile sollten in einem trockenen Zustand sein.

Bei den Bäumen bieten sich neben den Blättern und Nadeln, die Harze, Blüten, Fruchtbestandteile (z.B. getrocknete Apfelschalen) und neben der Rinde auch Holz- sowie Wurzelteile an. Hier sind der eigenen Phantasie und Experimentierfreude kaum Grenzen gesetzt.

Dann solltest du dir ein geeignetes Räuchergefäß besorgen. Dies können Räucherschalen oder z.B. auch natürlich gewachsene größere Muscheln sein.

Ich bevorzuge beim Räuchern eine Schale aus Ton. Hier kommen in meiner Sichtweise alle Elemente der Erde zusammen. Zur Herstellung wird Tonerde und Wasser benötigt. Die Schalen werden gebrannt und an der Luft getrocknet. Eine bessere Verbindung zur Natur lässt sich kaum herstellen.

Sehr schön räuchern kann man natürlich über einer offenen Glut z.B. nach einem Lagerfeuer. Dies bietet sich für den häufigen Bedarf aber sicher nicht an.

Also solltest du auf handelsübliche Räucherkohle zurückgreifen. Diese wird an einem Ende angezündet und es ist ein schönes Bild zu beobachten, wie sich die Glut durch das Räucherpellet zieht.

Dann legst du das Kohlestück in die Schale, welche zuvor am Boden mit ein wenig Sand aufgefüllt wurde. Erst wenn die Glut das ganze Stück erfüllt hat solltest du in Prisen das Räucherwerk auf die Kohle legen. Es entfaltet bei ausreichender Trocknung nun sofort seinen Rauch und seine Düfte.

Sei bitte achtsam. Denn die meisten Räucherschalen werden außen durch die Hitze der Kohle sehr heiß. Bitte nicht verbrennen.

Kleiner Tipp: Meine Frau und ich führen immer mal wieder ein Räucherritual zum Reinigen in unserem Haus aus. Dazu tragen wir das Räuchergefäß in einer kleinen Pfanne durch die Räume.

Bei dieser Räucherung, wie auch bei allen anderen rituellen Räucherungen solltest du dich zunächst in einen meditativen Zustand begeben. Hier kannst du auf die nachfolgende Einstimmungsübung zurückgreifen oder dir dein eigenes Ritual entwickeln.

Wichtig ist, dass du dir bei einem Räucherritual vorher überlegst, welchen Sinn die Räucherung haben soll. Was möchtest du erreichen, was ist deine Ausrichtung. Formuliere dann deine Bitte:

Z.B. Ich möchte, dass alle Energien, die nicht zu mir und meiner Familie gehören dieses Haus/diese Wohnung/diesen Raum verlassen. Wähle dabei deine Formulierungen stark, sicher und eindeutig.

Gehe dann mit deinem Gefäß in jede Ecke und alle Winkel des Zimmers. Lasse den Rauch aufsteigen und rufe dir immer wieder deine Ausrichtung ins Bewusstsein.

Lasse dann den Rauch für 2-3 Stunden in dem verschlossenen Raum stehen. Dann darfst du lüften und alle Energien herausbegleiten.

Anschließend kann man diese ausgeräucherten Bereiche wieder mit harmonischen, liebevollen, erfüllenden Energien auffüllen. Du kannst diese Energien neutral wählen oder z.B. Frieden oder Liebe gezielt einfließen lassen. Bitte auch hier wieder die Bäume mit ihren entsprechenden Qualitäten um Unterstützung.

Lasse aber auf keinen Fall ein Vakuum in den ausgeräucherten Bereichen zurück.

Viel Spaß beim Räuchern.

Übungen

Grundsätzliches

Für alle Übungen gilt, dass du dich zunächst in einen entspannten, ruhigen Zustand begibst. Kläre und befreie deinen Geist indem du deine Gedanken beiseiteschiebst. Mach dich frei von Sorgen und momentanen Belastungen. Sorgen sind wie Schatten, die sich auf dich legen und dich daran hindern im Hier und Jetzt zu sein.

Geh mit deinen ablenkenden Gedanken in einen harmonischen Austausch. Schicke sie liebevoll zum Schlafen oder in einen „Kurzurlaub". Du kannst deinen Gedanken, deinem Verstand auch erlauben dich als stiller Beobachter zu begleiten. Mach dir deutlich, dass all deine Gedanken jetzt, im Moment keine Bedeutung haben. Alle Sorgen, alle Ängste dürfen nun gehen.

Atme dann mehrmals tief Ein und Aus und stelle dir vor, wie bei jedem Einatmen neue Energie zu dir kommt und beim Ausatmen alles Alte deinen Körper verlässt.

Die Übungen kannst du an jedem beliebigen Ort ausführen. Ich empfinde sie jedoch draußen in der Natur am intensivsten.

Kleiner Tipp:

Da ich zu Beginn meiner Bewusstwerdung auch sehr verkopft war, fiel es mir zunächst schwer meine Gedanken abzustreifen. Dann las ich davon, wie man seinen eigenen Verstand überlisten kann. Stelle ihm Fragen auf die es keine logische Antwort gibt.

Z.B.: Welche Farbe hat mein nächster Gedanke? Oder welchen Geruch hat die Überlegung zu.....?

Bei mir hat dies sehr schnell dazu geführt, dass mein Verstand sich zur Ruhe gelegt hat. Probiere es einfach mal aus.

Verbindung mit Mutter Erde/Erdung

Wenn du die Übung im Sitzen machst, was sich für alle Anfänger anbietet, spüre deinen Körper auf dem Stuhl, einem Kissen oder dem Waldboden. Spüre wie du aufrecht sitzt und deine möglichst unbeschuhten Füße den Boden ganz direkt berühren. Lege deine Hände mit den Handflächen nach unten auf deine Oberschenkel.

Zentriere dich nun in der Mitte deines Bauches in deiner „energetischen Mitte", dem Hara oder auch Tandiem genannt. Dieser Energiepunkt liegt etwa eine Handbreit unter dem Bauchnabel.

Fühle, dass du hier an diesem Platz ganz sicher, geschützt und geborgen bist.

Wenn du deine zentrierte Haltung eingenommen hast, lass deine Aufmerksamkeit zu den Füßen wandern. Stell dir über dein inneres geistiges Auge vor, wie aus deinen Fußsohlen heraus starke energetische Wurzeln tief in Mutter Erde hineinwachsen. Sie werden immer kräftiger, verästeln sich mehr und mehr, suchen immer neue Wege und ihnen wird dabei liebevoll Einlass gewährt.

Lass deine Wurzeln bis zum Herzen von Mutter Erde, bis zu ihrem Mittelpunkt wachsen. Verankere dich ganz tief in ihr und nimm wahr wie sie dich liebevoll hält, dich nährt, dir Kraft und mütterliche Geborgenheit zu Teil werden lässt.

Dir kann nichts passieren, du wirst in jeder Lebenssituation fest gehalten und NICHTS kann dich umwerfen.

Über diese Verbindung zu Mutter Erde kannst du nun Energie für dich annehmen.

Daneben hat dieses Erden für mich aber auch noch den Aspekt sich seiner eigenen Bodenhaftung bewusst zu sein. Erdverbunden im Hier und Jetzt sein.

Erdung im Liegen

Die gleiche Übung kannst du auch im Liegen ausführen. Dies solltest du allerdings erst machen, wenn du etwas fortgeschritten bist, da sonst geschehen kann, dass du so tief entspannst, dass du einfach einschläfst. Auch dies ist natürlich wohltuend und dient dem Körper, doch soll es bei diesen Übungen ums bewusstes Kontakt-aufnehmen und Erden gehen.

Wie beim Sitzen stellst du dir auch hier vor, wie deine Wurzeln tief in die Erde hineinwachsen. Verstärkend kannst du dir noch vorstellen, wie Wurzeln aus deinem Wurzelchakra und aus deinen Handchakren herauswachsen.

Stehendes „Aufgehen im Sein"

Selbstverständlich darfst du diese Übung auch im Stehen ausführen.

Jedoch würde ich die Übung dann abwandeln und sie zu einem „Aufgehen ins Sein" werden lassen.

Stelle dich möglichst gerade hin. Achte auf das Gefühl unter deinen Fußsohlen und lass die Wurzeln energetisch wachsen.

Atme langsam ein und aus und blicke dabei um dich. Schließe leicht die Augenlider, so dass du alles um dich herum mit einem weichen, unscharfen Blick wahrnimmst.

Deine Augen betrachten die Umgebung, ohne dass du dem Gesehenen eine persönliche Bedeutung gibst. Du solltest dabei den Blick weder auf ein bestimmtes Ziel richten, noch solltest du irgendetwas bewusst nicht ansehen.

Der alleinige Zweck dieser Übung ist, einfach nur dazustehen, zu beobachten und im Hier und Jetzt aufzugehen.

Gehmeditation

Anders als beim bewegungslosen Sitzen, Liegen oder Stehen geht es hier um eine Meditation im Gehen.

Bevorzugt suchst du dir für diese Übung einen ruhigen Pfad abseits aus. Vielleicht im Wald, in einem Feld oder auch auf einer frisch gemähten Wiese oder einem Sandstrand.

Setze deinen Fuß bei jedem Schritt ganz bewusst auf. Es geht hier nicht darum voranzukommen, sondern nur darum den Kontakt zu Mutter Erde ganz intensiv wahrzunehmen und dies bei jedem einzelnen Schritt. Langsamkeit ist hier das Gebot. Nimm wahr, wie bei jedem Auftreten die Wurzeln aus deinen Füßen sofort den Kontakt zum Herzen von Mutter Erde herstellen, wie du sicher auf ihrer Oberfläche wandelst.

In einer Abwandlung dieser Übung kannst du sie mit einem liebevollen Partner ausführen. Du schließt dabei die Augen, gehst ganz ins Vertrauen und lässt dich leiten und von dem Partner führen. Geh dabei mit geschlossenen Augen ganz mit deiner Aufmerksamkeit zu den Wahrnehmungen um dich herum.

Ruf des Baumes

Bei der Übung mit einem Baum gehst du in deinen Garten, einen Park oder Wald und lässt dich ganz ohne Absicht von einem Baum „rufen". Dass er dich gerufen hat kannst du an dir und deiner eigenen Wahrnehmung feststellen. Vielleicht spürst du Gefühle von Liebe, Frieden oder Leichtigkeit in dir. Möglicherweise verspürst du ein Kribbeln oder ein Gefühl, dass du von etwas eingehüllt wirst.

Du wirst aber sicher den richtigen auswählen. Geh zu dem Baum, nimm mit ihm Kontakt auf, berühre ihn, sprich mit ihm. Begrüße ihn und bedanke dich dafür, dass er dich gerufen hat. Dann stell dich an den Baum, umarme ihn, lehne dich mit dem Rücken an ihn oder nimm vor ihm oder auf einer seiner Wurzeln Platz.

Nun lass wieder deine Wurzeln energetisch in den Boden wachsen und stell dir dabei vor, wie sich deine Wurzeln mit den Wurzeln des Baumes verbinden und ihr euch gemeinsam einen Weg zum Herzen von Mutter Erde sucht.

Dann lass einfach nur geschehen. Schau was dir der Baum zu erzählen hat, nimm seine Energie in dir auf und spüre seine besonderen Qualitäten.

Wenn du die Übung beendet hast bedanke dich nochmals ganz liebevoll bei dem Baumwesen und gehe gestärkt deiner Wege.

Natur-Achtsamkeit

Aufbauend auf den vorherigen Übungen kannst du nun ganz bewusst Natur erleben. Werde ganz still und bleibe in der Energie der vorangegangen Erdungsübung.

Nun nimm wahr, was um dich herum geschieht, ganz wertungsfrei und ohne Vorbehalte.

Nimm den Duft des Waldbodens auf, höre die Melodie der Vögel, lausche dem Gesang des Windes, hör auf das Murmeln eines Baches oder die vollkommene Stille des Schnees. Sieh das Glitzern der Sonne im Blätterlaub, den Schattenwurf der Bäume oder die Bewegungen der Tiere um dich herum.

Tu dies alles mit dem Blick und dem Geist eines kleinen Kindes. Tu es so als hättest du all dies zum ersten Mal erlebt.

Werde Eins mit der Natur und genieß diese wunderbare Atmosphäre.

Du bist ein Kind der Erde.

TIPP:

Eine besonders schöne Zeit um die Übungen in der Natur zu machen ist kurz vor Sonnenauf- oder – untergang und für Fortgeschrittene darf es auch gern mal Vollmond sein.

Indianisches Gebet

Diese Übung praktiziere ich fast täglich bei den Spaziergängen mit meinem Labrador Merlin. Auch deshalb, weil sie trotz geringem Zeitaufwand dennoch sehr intensiv ist.

Gerade weil die Übung wenig Zeit beansprucht möchte ich dich bitten sie mit großem Respekt, mit hoher Achtsamkeit vor dir und der Welt und mit tiefer Dankbarkeit der Natur gegenüber auszu-führen. Sei bei der Ausführung total im Hier und Jetzt.

Es handelt sich bei der Übung um ein Gebet oder auch ein Gedicht, ein Mantra ganz wie es dir beliebt. Die Worte darfst du laut oder innerlich nur für dich aussprechen. Ich persönlich setze dabei auch noch in ausladenden Bewegungen meine Arme ein und bekomme dadurch ein noch stärkeres Gefühl zu Allem was um mich herum ist.

Der Text lautet:

Ich öffne meine Hände zum Himmel

und nehme von Gott alles Gute für mich auf.

Von dem Guten lasse ich mich ganz durchfluten

und übergebe es der Erde.

Von Gottes Erde nehme ich alles Gute für mich auf

verteile es nach rechts und nach links,

an alle Menschen und die ganze Schöpfung.

Und von allen Menschen und der ganzen Schöpfung

nehme ich alles Gute für mich auf - führe es zusammen

und bewahre es in meinem Herzen.

Danke!

(Unbekannter Verfasser)

Atemübungen

Hier ein paar ausgewählte Atemübungen, insbesondere für Ungeübte. Das richtige Atmen hilft dir sowohl beim Zentrieren als auch dabei deine Gedanken los zu lassen. In dem du dich mit deinem Verstand auf das Atmen konzentrierst löst du deine Gedanken gleichzeitig vom Gedankenwirrwarr.

Atem beobachten (sitzend, liegend, stehend)

Beobachte ganz bewusst deinen Atem, wie er durch die Nase in deinen Körper hineinfließt. Lasse ihn von dort aufmerksam durch den Hals in deine Lungen und weiter in den Bauchraum strömen.
Dann wieder zurück.
BEWUSST wahrnehmen. 10x wiederholen

Atem kontrollieren (sitzend, liegend, stehend)

Atme ganz langsam ein und zähle dabei bis VIER. Kurz **nichts** tun. Dann den Atem komplett wieder ausatmen und dabei bis FÜNF zählen.
BEWUSST wahrnehmen. 10x wiederholen

Ergänzung (sitzend, stehend)
Alles wie zuvor. Und bei jeder Einatmung den rechten Arm anheben bis auf Schulterhöhe. Beim Ausatmen wieder sinken lassen.
BEWUSST wahrnehmen. 5x wiederholen

Mit dem linken Arm die gleiche Übung
BEWUSST wahrnehmen. 5x wiederholen

Fünf Sinne Übung

Ankommen

Näher dich zunächst dem Wald als Ganzes. Gehe hinein und suche dir einen ruhigen Platz. Wähle nun einen markanten Punkt in deinem Sichtfeld und lasse dich ganz auf diesen Punkt ein. Dies kann ein Baum sein, eine Pflanze, ein Stück eines Sees oder ein Ausschnitt des Himmels mit einer Wolke.

Dann lass die Geräusche der Umgebung an dich heran. Das Wispern der Blätter, das Rauschen der Baumkronen, das Pfeifen des Windes oder auch das Plätschern eines Baches.

Wenn du spürst, dass du ganz an dem Platz angekommen bist und sich Ruhe in dir ausbreitet lasse den Blick in deiner näheren Umgebung schweifen. Suche dir etwas, was du mit deiner Hand greifen kannst. Höre dabei auf die Stimme in dir und damit auf deine Intuition.

Sehen

Vielleicht magst du dich am Anfang auf ein Blatt eines Baumes einlassen. Nimm das Blatt in die Hand und schaue es dir genau an. Welche Form hat es, ist es wie eine Spitze geformt oder wie eine Hand mit Fingern oder hat es vielleicht eine Herzform. Wie sehen die Ränder aus? Wie die Unterseite. Betrachte das Blatt so lange wie du magst. Du wirst mehr und mehr Einzelheiten erkennen und wahrnehmen.

Hören

Lass deine Finger über die Fläche des Blattes geleiten und höre ob und welche Geräusche es macht. Vielleicht magst du das Blatt auch an dein Ohr halten. Welche Geräusche macht ein verwelktes Blatt wenn du es zerreibst. Sei spielerisch und lasse deiner Phantasie freien Lauf.

Tasten

Schließe die Augen und beginne damit ein Blatt mit deinen Fingern zu sehen. Streiche über das Blatt, berühre seinen Stiel, seine Oberfläche. Wie fühlt es sich an? Glatt, rau, weich oder narbig. Schau was das Ertasten des Blattes in dir auslöst. Wie fühlt sich das an?

Riechen und Schmecken

Nach den Berührungen des Blattes darfst du einmal an deinen Fingern schnuppern. Kannst du etwas von dem Geruch des Blattes und des Baumes wahrnehmen. Zerreibe das Blatt und schau wie sich der Geruch verändert. Vielleicht magst du dann auch mal kurz an deinen Fingern schmecken. Wie ist es? Bitter, salzig, süß, herb?

Mache diese Übung in deinem Tempo. Lass dich mehr und mehr ein. Nimm dir so viel Zeit wie du benötigst. Mit fortschreitender Dauer kannst du diese Übung immer mehr verlängern. Du kannst dann auch andere Blätter, Äste, Rindenstücke oder was immer du magst nehmen und so vergleichen. Lass deine Sinne spielen!

Quellennachweis und Anregung zur Vertiefung

- Arvay, Clemens G.; Der Biophilia-Effekt, Wien, edition a 2015

- Atkinson, William Walker; Das Kybalion; Aurinia Verlag, 7. Aufl. 2013

- Bader, Marlis; Räuchern mit heimischen Kräutern; München, Goldmann Verlag, 6. Aufl. 2008

- Baginski, Bodo J. und Sharamon, Shalila; Das Chakren-Handbuch; Oberstdorf, Windpferd Verlag 2009

- Ethymologisches Wörterbuch; F.A. Brockhaus AG, Mannheim 2007

- Gifford, Jane; Die Magie der Bäume; Kosmos Verlag Stuttgart 2007

- Huber, Andrea; Heilkraft der Bäume; BLV Buchverlag; München 2015

- Kauderer, Renate, Heimische Bäume, Print-Verlag 2014

- Ranke-Graves, Robert von; Die Weisse Göttin, Rowohlt, 7. Aufl. 2002

- Rätsch, Christian; Der Heilige Hain; Aarau u. München; AT Verlag 2005

- Ruland, Jeanne; Feen, Elfen, Gnome; Darmstadt; Schirner Verlag 2010

- Wikipedia.org

Über den Autor

Uli Bosbach wurde 1961 in Essen an der Ruhr geboren.

Bereits in sehr jungen Jahren spürte er eine tiefe Verbundenheit zur Natur und seinen Kräften.

Sein Lebensweg führte ihn jedoch zunächst zur Polizei, wo er nach seinem Studium die meiste Zeit als Kriminalbeamter, zuletzt in Führungspositionen, arbeitete.

Nach einer schweren gesundheitlichen Krise musste er seinen Beruf aufgeben. Gleichzeitig fand er den Weg zurück zu seinen spirituellen Wurzeln und besonders zu den Wesen der Natur.

Er entdeckte seinen reinen Sinn des Lebens, machte eine Ausbildung zum ganzheitlich, medialen Lebensberater und beschritt den Pfad des Reikimeisters.

Heute lebt er in der Eifel an der Rur und ist als Heiler, Coach und Lebensberater tätig. Er hält Vorträge und schreibt Artikel für spirituelle Zeitschriften. Gemeinsam mit seiner Frau Birgit veranstaltet er Seminare, Workshops und Ausbildungen zu verschiedenen spirituellen Themen.

Dies ist sein erstes Buch.

uli@praxis-levitas.de

www.praxis-levitas.de

Danksagung

Neben all den unsichtbaren Helfern, die an der Erstellung dieses Buches beteiligt waren danke ich vor allem meiner Frau Birgit. Ich liebe dich du Engel.

Ohne deine liebevolle Beharrlichkeit, deine Zuwendung und deinen Zuspruch wäre dieses Buch nie geschrieben worden.

Ich danke meiner Freundin Andrea für ihre Unterstützung und guten Ratschläge.

Und ich danke meinen „Töchtern" Jacqueline und Melanie für ihre Tipps und guten Hinweise.

Daneben danke ich allen Menschen die mich bewusst oder unbewusst auf meinen Weg begleitet haben. Jeder einzelne von euch war wichtig, damit ich das werden konnte, was ich heute bin.

Zeitfracht Medien GmbH
Ferdinand-Jühlke-Straße 7
99095 Erfurt, Deutschland
produktsicherheit@kolibri360.de